Benedikte Naubert

Gebhard Truchses von Waldburg, Kurfürst von Köln - die astrologischen Fürsten

Benedikte Naubert

Gebhard Truchses von Waldburg, Kurfürst von Köln - die astrologischen Fürsten

ISBN/EAN: 9783742859822

Hergestellt in Europa, USA, Kanada, Australien, Japan

Cover: Foto ©ninafisch / pixelio.de

Manufactured and distributed by brebook publishing software
(www.brebook.com)

Benedikte Naubert

Gebhard Truchses von Waldburg, Kurfürst von Köln - die astrologischen Fürsten

Gebhard
Truchses von Waldburg
Churfürst von Cöln,

oder

die astrologischen Fürsten.

Erster Theil.

Frankfurt und Leipzig
1792.

Die Hoffitte zu Kaiser Maximilian des zweiten Zeiten war etwas steif, und man unterließ nichts, sie immer noch steifer zu machen. Man nannte den herrschenden Ton spanische Grandezza, und glaubte, nicht genug davon annehmen zu können, damit kein Auge die Hoheit des Hauses verkennen möchte, das nun seit so manchem Jahrhunderte dem deutschen Reiche Kaiser, und den höchsten Thronen Europens Könige und Fürsten, Königinnen und Fürstinnen gab.

Kaiser Maximilian hatte viele Kinder, welche sich zu größtem Anstoß der steifen auf Fürstenwürde haltenden Höflinge so herzlich liebten, als wären sie von den niedrigsten im deutschen Reiche entsprossen gewesen. Der älteste Prinz Rudolf beweinte unabläßig den Tod dreyer liebenswürdiger Schwestern, die eine epidemische Krankheit in einem Zeitraum von sieben Tagen aus dem Zirkel seiner und ihrer Spielgefährten entrissen hatte; er fand keinen Trost, als in dem Umgang feines Bruders Mathias, der ein Jahr jünger als er, mit mehr Munterkeit begabt, als der junge Rudolf, und feiner ganz mächtig, in kurzem wohl fo viel vermocht haben würde, feinen Bruder aufzuheitern, ungeachtet feine Schwermuth würklich weiter gieng, und ein ernſteres und dau= renderes Anſehen hatte, als man fonſt bey Kindern von zehn und eilf Jahreu wahrzunehmen pflegt.

Man wollte dem jungen Rudolf nicht zugeben, Troſt und Beruhigung auf dem Wege zu ſuchen, wo gemeine Kinder fie ungeſucht zu finden pflegen; man glaubte, die Krankheiten eines künftigen Kai= fers dürften nicht auf alltägliche Art geheilt werden, und — daß ich es kurz mache, man gönnte den jungen Prinzen das Glück nicht, fich Brüder zu feyn, und frühzeitig den Grund zu einer Freund= ſchaft und Vertraulichkeit zu legen, die in künftigen Zeiten aller Hofintriguen ſpotten, und die Kabale gänzlich vom Throne verbannen könnte.

Rudolfs Oberhofmeiſter, Wilhelm, Freyherr von Truchſeß Waldburg, war ein redlicher, ſchon etwas bejahrter Mann, dem wir nicht zutrauen wol= len, daß er an den Planen Theil gehabt habe, welche argliſtige Höflinge geneigt machte, die Bru= derliebe der beyden Prinzen zeitig zu ſtören; aber er war ein ernſter Anhänger der Hofſitte, ſtolz, wie ein Spanier, und steif und feyerlich, wie Romerich, Kaiser Friedrichs Ehrenhold in seinem Persevantenkleide.

Die geselligen Thränen des jungen Rudolfs und Mathias über ihre kleinen Schwestern behagten ihm so wenig, als die Knabenspiele, die der letzte zuweilen hervorbrachte, seinen finstern Bruder aufzuheitern. Er verfügte sich mit gehöriger Beobachtung des Ceremoniels, das er völlig inne hatte, und von welchem er auch bey den allerzufälligsten Zufällen nicht ein Haarbreit abwich, zu kaiserlicher Majestät, und kam nach Verfluß der bis auf die Minute bestimmte Zeit mit dem Bescheid zurück, daß die Sache, welche er in Vortrag gebracht, des förderfamsten sollte in Ueberlegung gezogen, entschieden, und die nöthigsten Papiere darüber ausgefertiget werden.

Im Grunde hatte der Freyherr von Waldburg nichts weiter in Vortrag gebracht, als daß zuweilen in den Spielen des Prinzen Mathias mit dem Prinzen Rudolf muthwillige Knabenstreiche vorfielen, deren ersterer sich gegen letztern, als seinen ältern Bruder, und geliebts Gott künftigen Kaiser, billig enthalten sollte; daß Prinz Rudolf in der Einsamkeit noch immer fortfahre, seine Schwestern, die durchlauchtigsten Prinzeßinnen Maria, Margaretha

und Eleonora zu beweinen, und daß um solchen dop-
pelten, obgleich verschiedenen Unheil abzuhelfen, das
beste seyn würde, die'Prinzen zu trennen, und besonders den iungen Rudolf, durch Veränderung des
Orts, andere Ideen beyzubringen.

Kaiser Maximilian, weit weniger stolz und hoch-
trabend als seine Hofleute, welche sich viel darauf
wußten, mit Kaiser Ferdinand in Spanien gewesen
zu seyn, und von daher spanische Sitte herüber gebracht zu haben, lächelte ein wenig zu dem Vortrag
des Freyherrn von Waldburg, doch war er mit
dem Schluß desselben nicht unzufrieden. Er war seit
einiger Zeit selbst gesonnen, seinen ältesten Sohn
ausser Landes zu schicken; er sagte dieses dem Men-
tor des jungen Rudolfs, und schien geneigt, ihm sogar den Ort zu benennen, welchen er sich zur Schule
des Prinzen auserkohren hatte. Aber Waldburg hätte
nicht die Welt genommen, so etwas vor Verlauf der
zu Entschließungen solcher Art bestimmten Zeit zu
wissen, und er hatte also einige Wochen später erst das
entzückende Vergnügen zu erfahren, daß Alkala de
Henares, Kaiser Ferdinands Geburtsort, den Ruhm
haben sollte, dem deutschen Reiche, — wie Waldburg
sich ausdruckte, — einen Kaiser erzogen zu haben.

Spanien wiederzusehen, wo er die schönsten
Tage seines Lebens zugebracht hatte, sich daselbst all

der genossenen Ehre und Herrlichkeit noch einmal zu
erinnern, und bey den Spaniern noch einmal in die
Schule zu gehen, um ächte Würde und Majestät im
Betragen zu lernen, das war in der That ein Ge-
dankenfest für den feyerlichen Alten; und er fieng zeitig an, alle Zubereitungen zu der großen Reise zu
machen.

Ein wenig fand er freylich seine Rechnung ver-
rückt, als ihm unter den Fuß gegeben wurde, seine
Anstalten etwas einzuschränken, und sich nicht einzu-
bilden, daß der Kaiser seinen Sohn mit alle der
Pracht und dem ganzen weitläuftigen Gefolge werde
reisen lassen, das ihm als einem der größten Prinzen
Europens zukomme. Die Wissenschaften, sagte der
weise Maximilian, und die Tapferkeit hassen an ihren Lehrlingen den blendenden Glanz und die Spu-
ren der Hoheit. In der Schule der Niedrigkeit sind
unsere größten Helden und Krieger gebildet worden,
und wollte Gott, ich könnte meine Söhne ganz vergessen machen, daß sie gebohrne Fürsten sind; erst dann
würden sie die Throne, die sie einst besizen sollen,
wahrhaftig zieren.

Der Freyherr von Waldburg mußte sich also gefallen lassen, seine Plane einzuschränken, und den
Reiseetat seines Prinzen sehr ins kleine geschmolzen
zu sehen. Die Liste von Rudolfs Gefolg, als er sie
dem Kaiser überreichte, enthielt nur noch ausser dem

höhern Personale, welches unmittelbar um den Prin=
zen seyn sollte, etwa zwanzig Hofkavaliers, und noch
einmal so viel Bediente von der niedern Classe; der
Kaiser lächelte, strich aus, gab dem Oberhofmeister
die Liste zurück, und zu großer Bestürzung des feyerli=
chen Alten waren nur die Namen des höhern Ran=
ges, und die Namen von ein paar alten, als treu
bewährten Kammerdienern stehen geblieben.

Maximilian liebte und schätzte den Freyherrn von
Waldburg würklich, wie er verdiente, schon die Stelle,
die er ihm bey seinem Sohne anvertrauet hatte, be=
wies es. Er wollte ihn durch die gänzliche Verwer=
fung seiner Anlagen nicht kränken, selbst in dem, was
er jezo gethan hatte, lag der schmeichelhafteste Vor=
zug, den das Geschlecht der Truchseße von Waldburg
nur erwarten konnte; jedermann war von der Liste
ausgestrichen, außer der Freyherr von Waldburg
selbst, und seine beyden Söhne, Gebhard und Karl,
Jünglinge, die von dem väterlichen Schloße vor kur=
zen erst nach Hofe gekommen waren, und in der That
den Vorzug verdienten, welchen ihnen der Kaiser
hier beylegte.

Der Oberhofmeister müßte kein Herz gehabt ha=
ben, wie er es würklich hatte, wenn er nicht in die=
sem Zuge alles gefühlt hätte, was ihn der Kaiser darin
wollte fühlen laßen; er war gerührt, er dankte, ließ
sich wegen dieses Zeichens kaiserlicher Gnade die Zer=

trümmerung seiner Entwürfe gefallen, und dachte bey sich selbst, daß im Grunde das Geschlecht der Truch-sesse von Waldburg den Vorzug wohl verdient habe, welchen ihm der Kaiser zum Nachtheil so vieler an-dern beylegte.

Das Geschlecht, zu welchem der alte Freyherr sich zählte, war in der That eins der ersten Deutschlands, und hatte sich von uralten Zeiten her bey Königen und Kaisern, durch tapfere Thaten berühmt und beliebt ge-macht: sie fielen jezt den Urenkel so tapferer Ahnen alle nach der Reihe ein, indem er den Kaiser verließ, und er war eben mit seinen Gedanken bey Conradins *)

*) Die Geschichte des unglücklichen Conradins ist bekannt. Der junge Heinrich Truchses von Waldburg war ei-ner von den wenigen, die mit ihm zum Tode geführt wurden. Conradin bat auf dem Schaffott um eine Gnade; sie ward ihm, ausgenommen sein und sei-nes Freundes Friedrich Leben, verwilligt. Gern hätte der junge Prinz all seine unschuldigen Todesgefähr-ten gerettet, aber man gewährte ihm nur das Leben des einen. Er wählte Heinrich Truchsessen, gab ihm Ring und Handschuh, und schickte ihn mit den-selben und der Trauerbotschaft von seinem Tode, zu Petern von Arragonien, seinem Schwager, der Heinrichen den Ring seines Herrn zum Andenken ließ, ihn mit dessen Wappen begnadigte, und in seinen Diensten behielt.

Ringe, den Herr Heinrich Truchses von Waldburg,
Petern von Arragonien überbrachte, und dafür das
Wappen seines unglücklichen Herrn, drey schwarze
Löwen im gülbnen Felde, von ihm zu dem seinigen
geschenkt bekam, als ihm der Kaiser einen Kämmer-
ling mit der Bestättigung des Freyherrntitels für
seine Söhne zusandte, den er bisher als das Oberhaupt seines Hauses allein geführt hatte.

Maximilian hatte bey dieser Begnadigung wohl
schwerlich an Conradins drey Löwen gedacht, aber
der Oberhofmeister fand eben um derselben willen
die kaiserliche Gnade wieder ganz natürlich und wohl
verdient, und vergaß nicht, seine Söhne, als er
ihnen die erlangte Ehre ankündigte, zu erinnern,
daß die Ansprüche ihres Hauses groß, und keine
der Ehrenstaffeln, die sie vor sich sähen, ihnen unerreichbar wär.

Wilhelm von Waldburg hätte diese Erinnerung
bey seinen Söhnen nicht nöthig gehabt. Stolz,
Trieb zur Größe und kühne Hoffnungen waren ihnen
angebohren, waren durch die Erziehung einer so edlen
als stolzen Mutter, einer gebohrnen Gräfin von Mansfeld, genährt, und jezt am kaiserlichen Hofe durch den
erhaltenen Vorzug von neuem angefacht worden.

Maximilian hatte bey diesem Vorzug, den er
den jungen Waldburgen gab, nichts von dem, worauf

sie oder ihre Väter stolz waren, zum Augenmerk gehabt, sondern vielmehr das einzige, was die Jünglinge demüthigte, und den Wahn in ihnen erregte, sie zeigten sich am kaiserlichen Hofe bey weitem nicht in dem gehörigen Lichte.

Beyde waren in der Dunkelheit ihrer Provinz erzogen, beyde sahen jezt die große Welt zum erstenmal, und beyde hatten in der Stille, in welcher sie ihre frühsten Jahre verlebten, zwar eine Menge gründlicher Kenntnisse und Fertigkeiten, aber nichts von der glänzenden Politur an sich genommen, welche im sechzehenden Jahrhunderte sowohl als im achtzehenden nöthig war, Verdienste geltend zu machen.

Dieses war es eben, was dem Kaiser an Waldburgs Söhnen gefiel. Des Aelteren stille Zurückhaltung, das Resultat von der bescheidenen Schäzung seiner Verdienste, und die treuherzige Offenheit des andern, die Folge gänzlicher Unbekanntschaft mit der Weltsitte, nahm den Kaiser ein, und machte ihn entschlossen, seinem Sohne lieber diese guten, unverdorbenen Seelen zu Begleitern zu geben, als die zierlichen Junkern seines Hofes, welche Rudolfs Herzen gerade mit den Gefahren bedrohten, welche sein weiser Vater am meisten von ihm zu entfernen wünschte.

Der Tag der Abreise war angesezt, die Brüder
Rudolf und Mathias umarmten sich zum leztenmale,
so wie alle Brüder, sie mögen Fürsten oder Bett-
ler seyn, sich umarmen sollten. Die Prinzeßinnen
weinten an ihres ältern Bruders Halse, und der Kaiser gab ihm seinen Segen.

Der Freyherr von Walbburg war traurig und
mißmuthig beym Abschiede, nicht allein, weil es
sich überhaupt geziemt bey einem Abschiede traurig zu seyn, nicht weil er denselben für die kai-
serlich Hofetikette zu herzlich fand, sondern, weil er
nur einen seiner Söhne mit sich nach Spanien nehmen, und den andern gefährlich krank zurück lassen
mußte.

Prinz Mathias, der den treuherzigen Carl Truchses besonders lieb gewonnen hatte, versprach nebst
dem Kaiser sich seiner in seiner Krankheit anzuneh-
nehmen, und ihn nach seiner Genesung entweder
seinem Vater nach Spanien nachzusenden, oder ihn
in seinem Gefolge zu behalten; der Kaiser aber er-
sezte seine Stelle mit einem andern jungen Edelman-
ne, der ihn durch eben das stille bescheidene Wesen,
das ihm an dem jungen Gebhard Truchses gefiel,
eingenommen hatte, und der sich für einen vornehmen Siebenbürgen ausgab, aber niemand am ganzen Hofe bekannt war, als vielleicht dem Kaiser.

Eben dieses war es, was den alten Herrn von
Waldburg zunächst der Krankheit seines Sohnes
beunruhigte; einen Unbekannten seinem Prinzen zu-
zugesellt, ihn mit seinem Sohne in eine Reihe gesezt
zu sehen, das war zu viel für seinen Stolz. Zwar
hatte der junge Siebenbürge ein edles, fast möchte
ich sagen, ein großes Ansehn, zwar führte er den
Namen Bathori, welchen König Stephan von Pohlen, dessen Geschlechtsname er war, königlich gea-
delt hatte; aber dies war nicht genug für den bedenklichen Oberhofmeister, und Prinz Rudolf sowohl
als Gebhard Truchses, erhielten eine Menge Regeln, wie sie sich gegen den Fremden behutsamlich
zu verhalten hätten, die wohl ganz gut hätten seyn
mögen, wären sie nur auf einen andern Grund gebaut gewesen, als den, welchen sich der alte Waldburg von dem Mißtrauen in seinem Herzen anzugeben wußte.

***

Man langte zu Alkala de Henares an, die Studien des Prinzen wurden eingerichtet, und er bekam,
weil Maximilian auch hier sich einer weisen Einfalt
befleißigen wollte, nur zwey Lehrer; Don Diego
Munnez de Infantado, ein Ritter des Ordens von

Calatrava, war sein Lehrmeister in den Waffen,
und Marianus Scotus, ein alter Augustinermönch,
sollte ihn in der Philosophie und andern, damals
einem Prinzen nöthigen Wissenschaften, unterrichten.

Gebhard und Bathori waren überall Rudolfs
Gefährten, und ob sich gleich hier ein großer Unterschied in den Jahren fand, indem sie schon Jünglinge, er allererst ein Knabe war, so hinterte dieses doch nichts; es ist bekannt, daß Fürsten die
Kinderjahre früher zurücklegen, als gemeine Leute,
und Rudolfs für sein Alter fast zu ernste Gemüthsart, diente noch mehr den Abstand zwischen ihm
und seinen Cavaliers auszugleichen.

Der alte Waldburg sah immer mehr die Un-
bequemlichkeit eines allzukleinen Hofstaat bey einem
großen Prinzen ein. Rudolf mußte Umgang, mußte
Zeitvertreib haben, er fand ihn bey den beyden ihm
zugesellten Jünglingen. Diejenigen, mit welchen er
sprach, spielte, die Waffen und die Wissenschaften
trieb, waren die nämlichen, dieses verursachte, daß
man einander gewohnt ward, Gewohnheit zog Vertraulichkeit, Vertraulichkeit Freundschaft nach sich,
und Freundschaft eines Fürsten mit seinen Hofjun-
kern schien Waldburgen die höchste Unanständigkeit
unter

unter der Sonne zu seyn. In Rücksicht auf
den jungen Gebhard hätte sich so etwas noch
entschuldigen lassen; aber Bathori? ein Unbekannter? ein unbemittelter siebenbürgischer Edel-
mann? denn das ergab sich immer mehr, daß
der junge Fremdling nicht reich war, und die
Stelle, welche ihm der Kaiser bey seinem Sohne
gegeben hatte, wohl nicht blos, wie er vorgab,
aus Begierde Spanien zu sehen, angenommen
hatte.

Eine andere Herzenskränkung für den deutschen Freyherrn, war der Ordensmeister von Calatrava, Don Luigi de Infantato, des jungen
Nunnez Oheim, den wir vorher als Rudolfs
Waffenmeister erwähnten; diesem edeln treflichen
Manne war eine Art von Oberaufsicht über
den Prinzen aufgetragen, und ob er gleich ein
Spanier war, so hielt er doch so wenig von der
steifen Sitte, in welcher Waldburg die eigent-
liche Fürstenwürde suchte, daß darüber mancherley Zwist und getheilte Meynungen entstanden,
bey welchen sich der Prinz und seine Gespielen,
oder vielmehr die drei Freunde, immer am übel-
sten befanden, weil sie nimmer wußten, welchen
von denen, unter deren Aufsicht sie standen, sie
es recht machen sollten.

Verschiedene Jahre vergiengen auf diese
Art, Carl Truchseß blieb in Deutschland zurück,
weil Prinz Mathias eine besondere Liebe für ihn

Gebhard. 1. Th.   B

gewonnen hatte, und ihn nicht von sich laſſen
wollte; Bathori ward alſo zu des Freyherrn von
Waldburg höchſten Verdruß in ſeinem Poſten
beſtättigt, und gieng mit Gebharden in der
Freundſchaft, die Rudolf gegen ſeine Gefährten
bezeigte, zu gleichen Theilen.

Gleichheit des Charakters iſt eins der feſte-
ſten Freundſchaftsbande; ſie fand ſich zwiſchen
dieſen Dreyen. Rudolf, von Natur zu ſtiller
Schwermuth geneigt, durch Trauerfälle, die ſeinem fühlenden Herzen nahe giengen, noch ern-
ſterer und finſterer gemacht, hätte die Jünglinge, die man ihm zugeſellt hatte, nicht lieben
können, wären ſie munterer und lebhafter geweſen, als er ſelbſt; aber ſo waren auch ſie
ſtill und verſchloſſen, jeder ſchien ſeinen eigenen
heimlichen Kummer zu haben, und dieſes war
dem Prinzen eben recht; er forſchte nie nach ihrem verborgenen Anliegen, zufrieden, daß ſie
gegen ihn die nemliche Behutſamkeit beobachte-
ten, und überzeugt, daß ſie ihm ſo wenig befriedigende Auskunft würden geben können, als
er dem, der es unternommen hätte, ſein Herz
auf den Grund zu durchforſchen und das ſelt-
ſame Etwas an den Tag zu bringen, das ihm
ſelbſt unerklärlich war.

Vor Unterſuchungen dieſer Art ſahen ſich
die jungen Leute ſicher. Der Freyherr von
Waldburg ſah das ernſte Weſen ſeiner Zöglinge

als äusserst schicklich und anständig gern. Don
Luigi de Infantado, ungeachtet er in diesem
Punkte etwas freyer dachte, als der Oberhofmeister, war doch immer ein Spanier, der den
feyerlichen Ton gewohnt war. Der alte Augustinermönch Marianus konnte ihn wohl nicht
auffallend finden, und der Ritter Nunnez, ein
muntrer junger Mann, war also der einzige,
der zuweilen bey den Waffenübungen ein Wort
von frohem Muth und heiterm Sinn einfließen
ließ, welche die Seele der Tapferkeit sind.

Mit der Melancholie der drey Jünglinge,
so ähnlich die Aussenseite derselben war, schien
es ganz verschiedene Bewandniße zu haben, bey
dem Prinzen war sie wahrscheinlich Tempera-
ment, durch Kränklichkeit und finstre Gesellschaft genährt, an dem kaiserlichen Hofe möchte
er sie vielleicht ehe abgelegt haben, als in der
Gegend, wohin man ihn verwiesen hatte.

Der junge Gebhard Truchseß war allen
Kennzeichen nach, ein zärtlicher Schwärmer,
dem irgend eine Herzensangelegenheit den Kopf
ein wenig verrückte. Bathori hingegen schien
von irgend einer geheimen Furcht oder Besorgniß gequält zu werden, das zeigte sein unstäter
Blick, sein öfteres Auffahren, seine Bedenklich-
keit, oft die gemeinsten Fragen gerade zu beantworten.

Der Prinz und seine Freunde bildeten sich in den Jahren, die man ihnen zu ihren Stubien gönnte, vortreflich, doch in den Wissenschaften mehr, als in den Waffen. Nunnez hatte öfter Ursach über seine Lehrlinge zu klagen, als der weise Marianus Schott, (man erlaube uns sei- nen Namen, da er ein Deutscher war, auch der Kürze wegen Deutsch zu nennen.)

Schott füllte seine Lehrlinge mit Klosterge- lehrsamkeit bis oben an, und fand sie, besonders Rudolfen, immer bereit, auch die ungenießbar- sten, unverdaulichsten Dinge von ihm lehrbegie- rig hin zu nehmen; bey so viel Fleiß war in wenig Jahren das Gebiet gemeiner Wissenschaf- ten, das damals noch nicht so weitläuftig war, als heut bey Tage, bald durchlaufen, und man mußte auf neue Nahrung für die Schüler der Weisheit denken.

Von der Theologie, Weltweisheit, Sprach- kunde, Geschichte und Rhetorik wußten sie be- reits alles, was sie Marianus lehren konnte, aber ein weites Feld des damaligen Wissens Astrologie, Lehre von den Verwandlungen der Metalle, und natürliche Magie war noch übrig; hier rühmte sich der Mönch Meister zu seyn, oder vielmehr, er gab, da es die Natur dieser Wissenschaften ist, sich immer in Schleyer zu hüllen, nur durch Winke zu verstehen, was man von ihnen hierin zu halten hätte.

Diese Winke wurden immer deutlicher, und man urtheile, was dieselben auf Jünglinge wie Rudolf, Gebhard und Bathori waren, für Eindruck machen mußten.

Man kann sich schwerlich eine wißbegierigere nach verborgenen Dingen schmachtendere Seele denken, als des jungen Prinzen. Gebhard war verliebt und Schwärmer, folglich auch abergläubisch, Bathori furchtsam und argwöhnisch, und auch diese Gemüthsart verstattete den Dingen, welche Marianus jetzt in allen Stunden mit verdeckten Worten predigte, viel Eingang.

Rudolf war der erste, welcher seinen Gefährten gestand, wie er ihren gemeinschaftlichen Lehrer jetzt weniger als sonst verstehe, und doch gleichwohl sich unwiderstehlicher nach allem, was aus seinem Munde gieng, hingerissen fühle, als jemals. Es muß, setzte er hinzu, Quellen menschlicher Weisheit geben, die uns noch ganz verborgen sind, und die er uns entdecken kann. Weisheit ist Glückseligkeit, wir versäumen unser Glück, wenn wir hier nicht tiefer forschen, wenn wir den Brunnen nicht ganz auszuschöpfen suchen, der uns offen steht. Laßt uns ihn fragen, laßt uns unsern Lehrer um die Meynung seiner unbegreiflichen Worte fragen, laßt uns die Einweihung in die Geheimnisse annehmen, die er uns wahrscheinlich gewähren kann, und dann, wenn wir erhalten haben, was wir wünschen, alles mit dem heiligsten Schweigen versiegeln; denn mich dünkt, wäre das, was wir erfahren werden, nicht Geheimniß, es würde mich weni= ger reizen; wo jedermann hinschauen darf, da= von wende ich meine Augen ab, ich will nur da wandeln, wo es wenigen erlaubt ist den Fuß hinzusetzen.

Dies war in der That eine Rede, welche selbst dem weisen Marianus Schott Ehre ge= macht haben würde, der Prinz erfüllte seinen Lehrer mit himmlischem Entzücken, als er sich des andern Tages in ähnlichen Ausdrücken an ihn wandte, und ihn in seiner Wißbegierde des Bey= trittes seiner Gefährten versicherte.

Ja, mein Sohn, erwiederte Schott, ihr irret euch nicht; es giebt Quellen des Wissens, aus welchen nicht ein jeder schöpfen kann, weil nicht einem jeden die Augen offen stehen, die Winke des Himmels zu sehen; Euch hat ein gu= ter Geist sie geöfnet, und ihr sollt erblicken, was ihr zu erblicken wünscht. Wisset, diese sichtbare Welt umschließt noch eine unsichtbare himmli= sche, reich an Wundern und Kräften, und wil= lig, sich dem mitzutheilen, der ihrer begehrt. Siehe, die rauhen Produkte der Erde, die sie den Profanen unausgearbeitet zuwirft, können von heiligen Händen unnennbar veredelt werden, jede Hand voll Erde ist Gold, und jeder Stein

trägt den schimmernden Demant in seinem Schooße.
Siehe die tausend Augen Gottes, die Sterne,
die dort über uns funkeln; sie sind nicht blos
leuchtende Punkte, unsere Nächte zu erhellen,
ätherische Kraft strömt von ihnen auf die Erde
herab, und wer ihre Sprache versteht, kann in
ihnen die Geheimnisse des Schicksals lesen. Die
ganze Natur ist beseelt, der verlassenste Winkel
der Erde ist nicht einsam; rund um uns her
wohnen Geister, von irdischen Augen unbemerkt,
aber sichtbar dem geheimen innern Sinn, der so
leicht in uns zu wecken ist; diese unsere unbekannten Gefährten sind unsere Knechte, wenn
wir sie zu binden wissen, aber sie gehorchen nur
den Reinen, denn sie selbst sind rein und heilig,
dem, den diese genauen Bemerker menschlicher
Handlungen unsträflich finden, öfnen sie das
Buch heimlicher Weisheit, Unsträflichkeit ist das
einige Band, das sie an uns fesselt.

Die Zuhörer des begeisterten Mönchs standen mit weit geöfneten Augen, als wollten sie
außer dem Gehör noch einen Sinn brauchen,
ihn ganz zu fassen. Alles, selbst Zeit und Ort
dieses Auftritts kam hier zusammen, die jungen
Leute ganz hinzureissen: die Rede, die der von
ihnen allen geliebte Lehrer, ein freundlicher, einnehmender Greis mit weißem Haar und Bart
zu ihnen hielt, ertönte von seinen Lippen in sanf-
ten, herzerschütternden Accenten, ihr Inhalt war

hoch unbegreiflich, und hatte die reinste Tugend-
lehre, die er ihnen täglich predigte, zum Grunde; in dem Gedanken, überall von dem Auge
der Gottheit bewacht zu seyn, zu dessen Sym-
bol der Redner die Sterne machte, die eben
über ihnen funkelten, in dem Gedanken, überall
spähende Geister um sich zu haben, die nur
durch Unsträflichkeit zu Freunden gewonnen werden könnten, lag etwas, das besonders Rudolfs
reinem schuldlosen Herzen willkommen war; die
andern fühlten blos einen kleinen wohlthätigen
Schauer, und sanken, als der Mönch geredet
hatte, in das ernste Nachdenken, das auch ihn
und den Prinzen eine lange Weile stillschweigend
erhielt.

Es war Nacht, (wie es denn dem Prinzen
oft erlaubt war, des Nachts bei den Augustinern
zu bleiben,) sie befanden sich mit ihrem Lehrer
auf einem hohen steinernen Umgange des Klosterthurms, wo er sie oft im Himmelslaufe zu
unterrichten pflegte; unter den unzähligen Sternen, die die schwüle Sommernacht erleuchteten,
gieng der Mond herauf wie eine schmale ge-
krümmte Sichel, und versichtbarte mit düsterm
Licht die Gestalt des Mönchs, der wie ein Heiliger unter den Jünglingen stand, die giganti-
schen Mauern des Thurms hinter ihnen, und
vor ihnen die freye, dämmernde Gegend, eine
Aussicht, die sich weit über das ummauerte Ge-

biet der Mönche bis an die Gebürge erstreckte,
waren Dinge, welche zusammen ein Ganzes formirten, das bey den jungen Schwärmern den
Eindruck von dem, was sie eben gehört hatten,
unnennbar erhöhen und ihr Stillschweigen ver-
längern mußte.

Meine Söhne, sagte Marianus endlich.
Mitternacht ist längst vorüber, die Glocke tönt
zur Metten, die Brüder werden allmällig im
Kloster wach; laßt uns hinabsteigen und mit ihnen ins Chor gehn; mich dünkt, unsere Seelen
sind wohl vorbereitet zur Andacht. Morgen
aber macht euch gefaßt, Proben von dem zu
sehen, was ich heute gesagt habe, und jeder
schicke sich auf eine Forderung zum Beweis meiner Worte, die ich euch gewähren kann.

Die Jünglinge folgten ihrem Lehrer schwei-
gend, und betraten die Kirche, aus welcher ihnen schon der feyerliche Gesang der Religiosen,
der *) allemal zu dieser Stunde gesungen wurde, entgegen schallte; Töne, welche geschickt waren, die Gefühle, mit welchen sie eintraten, aufs
höchste zu spannen.

Ein jeder betete für sich, und gieng denn
zur Ruhe, nicht um zu schlafen, sondern sich
noch die wenigen Stunden bis zum Morgen voll
Gedanken herum zu werfen, und über das, was

---

*) Christe, qui Lux es et Dies etc.

der morgende Tag mit sich bringen würde,
Muthmaßungen zu fassen.

Unsere Leser würden uns unrecht thun, wenn
sie glaubten, daß wir ihnen in dem, was wir
ihnen erzählt haben und noch erzählen werden,
unser eignes Glaubensbekenntniß ablegten, nein,
wir wiederholen Ihnen blos, was die Geschichte
der damaligen Zeiten von solchen Dingen vorgab und glaubte, ohne unserm erleuchtetern
Jahrhunderte dieselben aufbringen zu wollen;
so werden die künftigen Zeiten die Wunder und
die Meynungen der unsrigen wiederholen, und
sich ihres hellern Verstandes freuen. Prinz Rudolf und seine Gefährten würden sich sehr unglücklich geachtet haben, hätte man ihnen den
Glauben an das, was ihrer Phantasie schmeichelte, und wovon sie des andern Tages Proben
zu sehen hoften, hinweg philosophiren wollen;
wollen unsere Leser ihre Abentheuer mit einiger
Theilnahme lesen, so müssen sie es sich freylich
gefallen lassen, ihre bessern Einsichten ein wenig
bey Seite zu setzen, und auf einige Minuten zu
denken, wie sie dachten.

Der Frühgottesdienst war kaum zu Ende,
so sah der astrologische Mönch schon den Prin-

gen mit seinen Begleitern bey sich in der Zelle,
ihn an das in gestriger Nacht gethane Versprechen zu erinnern, und ihm die Forderungen, die
sie sich ausgesonnen hatten, vorzutragen.

Meine Kinder, erwiederte der lächelnde Alte, man sieht, daß ihr noch völlige Neulinge
in den Geheimnissen seyd, zu welchen ihr einge-
weiht zu werden wünschet. Nicht ohne Vorbereitung darf man sich ihnen nahen, auch ist die
gegenwärtige Stunde des Tages völlig unge-
schickt zu dem, was ihr begehret. Diese Nacht,
um die nämliche Stunde, da ihr gestern die erste Ahndung von den Geheimnissen der unsichtbaren Welt erhieltet, findet euch an dem Orte
ein, wo wir gestern waren; bis dahin strenge
Vorbereitung durch Einsamkeit, Fasten und Gebet! Keiner darf in dieser Zwischenzeit den andern sehen, so wie auch ich bis zur bestimmten
Stunde Euch so wenig, als einen andern leben-
digen Menschen sehen werde. Gehet, meine
Kinder, verlasset mich, die Zeit ist kostbar!
nutzet sie, das, was ihr euch in den Sinn genommen habt, noch einmal zu überdenken, denn
auch hierauf kommt etwas für Eure Zukunft an.

‒ Die Jünglinge gehorchten und suchten die
Einsamkeit, einer im Klostergarten, der andere
auf der Bibliothek, der dritte auf dem Zimmer,
das ihnen, so lange sie hier waren zur Wohnung eingeräumt war, alle aber vergaßen, daß

Don Luigi und der Freyherr von Waldburg sie
heute schon von den Augustinern zurück erwar-
teten, und daß der Ritter Nunnez, der ohnedem nicht allemal mit ihnen zufrieden war, abermals über Nachläßigkeit in den Waffenübungen
klagen würde.

Der Tag schwand dem einen geschwind,
dem andern langsam dahin, je nachdem ein jeder in sich selbst Stoff zur ernsten Beschäftigung
in der Einsamkeit fand. Die Nacht brach an,
sie fanden sich einer nach dem andern auf dem
Umgange des Klosterthurms ein, und eben, als
der Mond am Himmel sichtbar ward, hörten sie
auch den Mönch herauf kommen.

Mir ist eingefallen, meine Söhne, begann
er, nachdem er sie alle umarmt und dem Mond
gegenüber auf die steinerne Bank an der Thurm-
mauer neben sich zum Sitzen genöthigt hatte.
Mir ist eingefallen, daß ihr mich nach dem,
was gestern unter uns vorgefallen ist, bey eurer
Unwissenheit in diesen Dingen, wohl für einen
Magum oder Teufelsbanner halten könntet; aber
hütet euch wohl, die Tochter des Himmels, die
göttliche Astrologie, für deren Geweihten ich
mich bekenne, mit jenem Kinde des Abgrunds
der Zauberkunst zu vermengen. Ungeachtet beyder Würkungen zuweilen Aehnlichkeit haben mögen, so sind sie selbst doch weiter von einander
entfernt, als dieser klare, leuchtende Himmel

von der Erde. Euch dieses nach dem innern
Wesen beyder Wissenschaften zu beweisen, fehlt
es mir an Zeit, und auch vor der Hand noch
an Fassungskraft. Euch als Neulinge muß ich
nur auf einige unter tausend äusserlichen Kennzeichen verweisen, durch welche sich die Würkungen des Guten von den Würkungen des Bö-
sesten aller Wesen unterscheiden: wisset aufs erste, die Magie scheut den Anblick des Himmels
und verbirgt sich gern in Höhlen und düstern
versperrten Zimmern, wo der Betrug (denn der
zehnte Theil der Magier sind Betrüger) hinter
jeder Gardiene, an jeder Thür lauschen kann.
— Der Magus wird euch zu seinen Erscheinun-
gen in dicke Finsternisse führen, vom Kerzen-
glanz sparsam erhellt, aber der Tempel der Theo-
sophie ist die freye Natur; unter dem offenen
Auge des Himmels, (freylich nicht bey Sonnen-
glanz, dies verbietet die Natur der Sache,)
aber doch allemal unter der Beleuchtung himmlischer Körper, tritt der Astrolog auf, euch einen Blick in die heiligsten Geheimnisse thun zu
lassen. Jeder Ort ist ihm dazu gerecht, den nur
kein Nebel entstellt, und der nur den offenen
Himmel über sich hat. Auch hat er — merket
hier das zweyte Abzeichen der Wahrheit von der
Lügen — auch hat er wenig Vorbereitungen nöthig sein Werk zu treiben. Der Magus hüllt
euch in schwarze Decken, benimmt euch den Athem

durch Weyhrauchduft, sammelt Tobtengebeine
und gewsihte Kerzen um euch her, stammelt
furchtbar tönende Worte und Gott entehrende
Gebete; der Sohn der himmlischen Weisheit
braucht nichts von dem allen, seine einige Vorbereitung ist stilles Gebet, Heiligkeit und Fasten,
seine einige Ceremonie, daß er, wenn er seine
Schüler durch irgend einen Vortrag zu heiliger
Aufmerksamkeit gestimmt hat, sich nebst ihnen
erhebt, wie ihr jetzo mich thun sehet, ihnen, so
wie ich Euch thue, die Hand auf die Augen
legt, und dann fragt, wie ich Euch frage:
Sterbliche, was fordert ihr von den Sternen!

Weder durch Weyhrauchdampf, noch schrek-
kende Ceremonien, hätten die Jünglinge wohl
so aus der Fassung gebracht werden können, als
durch diese schnelle überraschende Aufforderung
zu dem, was einen Tag und eine Nacht lang
ihre Phantasie so lebhaft beschäftigt hatte. Marianus irrte nicht, sie hatten allerdings eine
Idee von dem, was ihnen bevorstand, und eine
ganz andere, als die, welche sie nun gerechtfertigt sahen. Nichts hatten sie weniger erwartet,
als sich auf einmal ohne alle Ceremonie dicht vor
den Vorhang der Geheimnisse geführt zu sehen,
deren Enthüllung sie in diesem Augenblicke fast
so sehr scheuten, als wünschten. Sie waren
mit dem Astrologen von ihrem Sitz aufgestan-

den, hatten die Berührung seiner Hand em-
pfunden, aber keiner hatte die Kraft auf seine
wiederholte Frage zu antworten, bis endlich der
Prinz zitternd den Mund öfnete, sein Begehren
zu nennen.

Haltet ein, mein Sohn, rief der Mönch,
indem er mit seiner Hand seine Lippen verschloß.
Ich habe vergessen Euch zu sagen, daß hier nicht
der Stand, sondern das Alter den Vorrang bestimmt; Siegmund Bathori, ihr seyd der Aelteste: Redet!

Ist dem Kenner verborgener Geheimnisse,
erwiederte Bathori mit zitternder Stimme, ist
dem wahren Theosophen, die Gabe verliehen,
die Natur der Dinge umzuwandeln, so mache
er diese Hand voll Erde zu Goldstaub, diesen
Stein zum schimmernden Juwel, wie er in der
Krone des Königs von Pohlen prangt.

Warum sagt Siegmund nicht lieber in der
Krone meines Vaters? erwiederte der Mönch.
Siehe, Jüngling, ich kenne dich! und dein erstes Begehren hat mir auch dein Inneres kenntlich gemacht, so wie ich längst das Aeussere deiner Verhältnisse kannte. Dein Herz ist nicht
ganz gut und edel, es neigt sich wie zu zaghaf-
ter Furcht und heimtückischen Argwohn so zum
Geiz! Hinweg mit Erde und Steinen! Der
wahre Philosoph findet keine Gattung derselben
edler, als die andern! Alchymie ist nur die un-

ächte Tochter der himmlischen Weisheit, auch könnt ihr denken, daß ich beym Gelübde der Armuth nie daran dachte, diesen Theil meines Wissens zu nützen!

Bathori stand voll stummer Bestürzung da, der Mönch hatte ihm Erde und Stein aus der Hand geschleudert, seine Gefährten sahen ihn voll Befremdung über das, was Marianus gesagt hatte, an, aber dieser ließ ihnen nicht Zeit, Muthmaßungen zu bilden, sondern forderte den jungen Gebhard Truchseß auf, als den, der nach Bathori der Aelteste war, seine Forderung zu nennen.

Ich zittere zu sprechen, erwiederte Gebhard, vielleicht kann mein Wunsch so wenig den Blick himmlischer Weisheit vertragen, als Bathoris!

Und ich muß Euch warnen, keinen andern zu nennen, als den, welcher euch bis zu dieser Stunde beschäftigt hat.

So höret denn, fuhr der Jüngling fort: Ich liebe, liebe mit gränzenloser Zärtlichkeit eine Person, welche das Glück meinen Hofnungen zum Hohn mir unerreichbar gemacht hat; ist Euch Gewalt gegeben, mich nur auf eine Minute zu beglücken, so zeigt mir sie, wie sie dieser gegenwärtige Augenblick findet.

Liebe, mein Sohn, erwiederte der Mönch, ist dem Sterblichen keine Schande, macht sie doch das höchste Glück der Seeligen aus, doch

ift fie dem Sterblichen oft Unglück, auch bir wird
fie es feyn. — Komm und fiehe, was du gefor=
dert haft.

Die drey Jünglinge nahten fich dem ftei=
nernen Geländer des Umgangs, und beugten fich,
fo lehrte fie Marianus, hinab; fie fahen in den
dämmernden Klofterhof, welcher das Gebäude
zunächft umfchloß. Ein kleiner Nebel ftieg aus
der Erde auf, der fich bald zertheilte, und ih=
nen eine ganz veränderte Ausficht übrig ließ. Es
war ihnen, als ftünden fie auf der Tribune ei=
ner Kirche, die Gebharden, als er fich umfah,
nicht unbekannt war. Sie fchauten in die Tiefe
hinab. Gleich unter ihnen war der hohe Altar,
auf welchem zwey Kerzen flammten; auf feinen
Stufen lag eine junge betende Perfon, welche
fich jetzt aufrichtete und in dem Feuer der An=
dacht Augen und Hände gen Himmel erhub.
Die Jünglinge erblickten das fchönfte Geficht,
welches je der Nonnenfchleyer, den fie halb zu=
rückgefchlagen trug, entftellte, ihre Augen ftröm=
ten, ihre Lippen bewegten fich. O Gebhard!
Gebhard! flüfterte es in des jungen Truchfeß
Ohren, dich vergeffen? dich verlaffen?

Sie ifts! fie ifts! fchrie Gebhard, indem er
Bathori umarmte, und hörteft du, was fie
fprach? — Bathori fowohl, als der Prinz hat=
ten gefehen, was er fah, die Stimme hatten fie
nicht gehört. Sie wandten die Augen nach dem

Gebhard. 1. Th.   C

schönen Schauspiel, daß ihre Blicke, durch Geb=
hards Ausruf gestört, auf eine Minute verlassen
hatten, aber siehe, es war verschwunden.

O schrie Rudolf! hat der göttliche Mann,
an dessen Seite ich stehe, Macht dem Auge zu
zeigen, was die Seele wünscht, so zögre ich
nicht mein Begehren zu nennen! Gebhard liebt
eine Sterbliche, ich liebe die drey Engel, die
einst meine Schwestern waren; sie in dem Him=
melsglanz zu sehen, der sie jetzt umgiebt, dies,
denke ich, würde endlich die Thränen trocknen,
die immer noch um sie fliessen, und die Schwer=
muth zerstreuen, die ein jeder mir zum Vorwurf
macht.

Marianus lächelte noch freundlicher, als bey
Gebhards Begehren; der aufsteigende Nebel
verkündigte Verneuerung der Gesichte, die jun=
gen Seher sahen — was uns zu wiederholen
nicht möglich ist, da ihnen selbst die Beschrei=
bung der Scene des Entzückens, die sich ihnen
zeigte, nie so glückte, daß sie auf die Nachwelt
gekommen wäre. Ihre Zungen stammelten, ihre
Augen strömten, wenn sie davon sprachen, sie
begannen das Gemählde, aber — sie vollende=
ten nichts, wie auch wir nichts vollenden, son=
dern unsere Freunde vom Klosterthurm herab in
ihre Cellen begleiten.

Mein Vater, sagte Bathori, als er sich von
dem Mönche trennte, ihr kennt mich, wie ich

merke, ihr wißt, daß mir Rath und Troſt nöthiger iſt, als meinen Gefährten, ſoll ich allein
leer ausgehen? Sie haben geſehen, was ſie am
meiſten lieben. — —

Und was würde Bathori zu ſehen wünſchen?
Was ich am meiſten fürchte!

Oft fürchtet der Menſch, was am wenigſten
zu fürchten iſt. Gehet hin, dieſe Nacht wird
euer Schutzgeiſt warnend an Eurem Lager ſte-
hen, gehorchet ſeiner Stimme!

Der lange Aufenthalt des Prinzen und ſeiner
Gefährten bey den Auguſtinern verurſachte Befremdung bey ſeinen Aufſehern. Der frühe Morgen des nächſten Tages ſahe Don Luigi de Infantado und den Freyherrn von Waldburg per-
ſönlich im Kloſter, Rudolfen abzuholen. Er
konnte ſich nicht entbrechen ihnen zu folgen, und
Marianus, welcher nicht leugnete, der Urſacher
dieſes verlängerten Beſuchs geweſen zu ſeyn,
nahm, ungeachtet er der Mann war, dem Gei-
ſter gehorchten, mit gehöriger Demuth, über
ſein eigenmächtiges Verfahren, einen ziemlich
ſtrengen Verweis von ſeinen Obern hin.

Bathori war finſterer und zerſtreuter als jemals, er ſuchte den ganzen Tag über nach Gelegenheit mit dem Prinzen allein zu ſprechen,
und als man ihm dieſe ſo wohl, als Gebhanden,

Gott weiß warum, entzog, so wußte er des
Nachts durch seinen Kammerdiener ein Billet
in das Schlafzimmer des Prinzen zu spielen,
das dieser am Morgen fand und folgendermaßen
las:

„Euch, den das Schicksal oder vielmehr mei=
ne eigene Wahl auf eine Zeitlang zu meinem
Herrn machte, Euch, den näherer Umgang mich
lieben lehrte, Euch muß ich verlassen; die Stim=
me des Himmels weist mich an den Ort zurück,
von welchem ich geflohen bin. Oft fürchtet
der Mensch, wo nichts zu fürchten ist,
sagte jener übernatürliche Mann? —
Gott gebe, daß er, daß mein Gesichte von vo=
riger Nacht mich nicht betrügen.‟

„Marianus kennt mich ohne Zweifel so gut
ich mich selbst kenne, ungeachtet ich mich ihm
so wenig als irgend einen Menschen außer mei=
nem Vaterlande, entdeckt habe. Einige Worte,
die er in gestriger Nacht zu mir sprach, und die
auch Eurer Aufmerksamkeit, wie es schien, nicht
ganz entgingen, sagten mir, daß er mich kennt,
und daß ich daher Eure Neugier sicher an ihn
verweisen und mir dadurch schmerzhafte Bekennt=
nisse ersparen kann.‟

„Ich gehe, Dank sey es seinem köstlichen Ge=
schenke, von einem warnenden Engel begleitet

nach dem Orte, wo vielleicht sonst der Tod meiner warten würde."

"Siegmund Bathori."

Rudolf las diesen seltsamen Brief mit Erstaunen, und er und Gebhard, dem er ihn mit-
theilte, waren voll Ungeduld das Augustinerkloster wieder zu sehen und daselbst Aufklärung zu
erhalten.

Daß Schott in jener merkwürdigen Nacht
einige befremdende Worte zu Bathori gesagt
hatte, erinnerten sich beyde, aber die folgenden
Scenen hatten dieselben so gänzlich aus ihrem
Gedächtniß verwischt, daß auch nicht eine Spur
davon zurücke geblieben war, und sie das, was
sie durch den Astrologen von Bathori zu erfahren hofften, nicht einmal muthmaßen konnten.

Doch ein Besuch im Kloster sollte ihnen nicht
so bald wieder verstattet werden. Der Ritter
von Calatrava, der, wie wir schon gesehen haben, nicht allemal mit dem Prinzen und seinen
andern beyden Waffenträgern zufrieden war,
hatte eine lange Unterhaltung mit seinem Oheim
über den gestrigen um des Klosters willen ver-
säumten Unterricht gehabt, und bey Don Luigi
vollen Beyfall gefunden.

Ich fürchte, sagte letzterer, diese Mönche sind
gesonnen, den jungen mir anbefohlnen Prinzen
ganz an sich zu ziehn; heimliche Kabalen vom
Hofe her stecken vielleicht hieunter. Ich weis,

daß viele den Prinzen Mathias lieber dereinst
auf dem Throne sähen, als seinen ältern Bruder, man sucht Rudolfen vielleicht zu raschen
Entschlüssen zu verleiten, die er ewig bereuen
würde, und die ich, der ihn liebe, ich, der dem
Kaiser geschworen habe, mich ganz der Wohl-
fahrt seines Sohnes zu widmen, nicht befördern
darf.

Ihr habt recht, versetzte Nunnez, die Lust des
Prinzen zu den Waffen ist schlecht, sein Hang
zur Schwermuth unauslilgbar, und sein deutscher Aufseher so wohl, als seine trübseligen Ge-
sellschafter, ganz so, daß sie Tiefsinn und Melancholie nähren, und vielleicht dem feurigsten
Jüngling, welches doch wahrhaftig unser Prinz
nicht ist, aus lauter Unmuth Lust zum Kloster
machen müßten. Aber was sollen wir thun,
dieses Unheil zu verhüten?

Die Besuche im Kloster so viel als möglich
einschränken, ihm nach und nach statt seinen
gegenwärtigen Hofkavalliers munterere Jünglinge zugesellen, und endlich, wenn des alten Waldburgs hohe Jahre ihn nicht bald von selbst ab-
treten machen, auch diesen verdrängen.

Wir wissen nicht, ob die Spanier bey dieser
Berathschlagung ganz allein des Prinzen Wahl
zum Augenmerk hatten, oder ob sich vielleicht
etwas Neid gegen den Freyherrn von Waldburg
wegen der Gnade, damit ihn der Kaiser beehrte,

mit einmischen mochte. Ein Glück war es für
den guten Alten, daß nur Spanier keine Italiäner seine heimlichen Feinde waren; diese beyden Nationen, welche einander so gleich in verborgenen Anschlägen sind, gehen bey der Ausführung derselben doch so verschieden zu Werke,
daß man der Rache der ersten sehr oft, der andern nie entgehen kann. Bey dem Italiäner
folgt schnelle Handlung dem Plan, der Spanier
bedenkt so viel, und wägt und wählt so lange,
daß selbst der verdachtlose Deutsche seinen Fall-
stricken leicht entgehen kann.

Bathoris heimliche Entfernung, Flucht möchte
man sein schnelles Entweichen fast nennen, brachte
schon eine kleine Aenderung in die Plane Don
Luigis und seines Neffen; ihre argwöhnische Gemüthsart machte, daß sie hier verborgenen Zu-
sammenhang mit verborgenen, aber den Prinzen
nah angehenden Dingen ahndeten, und weil ihnen nun hier also alles verborgen war, so brauch-
ten sie viel Ziet, nur einige Muthmaßungen zu
fassen, und darüber blieb alles noch eine lange
Weile wie es war.

Selbst das strenge Verbot, nicht mehr zu den
Augustinern zu gehen, wurde endlich auf die
Seite gesetzt, weil man weder den Prinzen kränken, noch die heiligen Väter, die zu Alkala in
großem Ansehn waren, beleidigen, noch die wahre

Ursach gestehen wollte, warum man ihnen. Rudolfs Vorliebe beneidete.

Der Prinz und sein einiger nunmehr. desto lieberer Gefährte, Gebhard, flogen also wieder in die Arme des Astrologen, und ihre erste Unterhaltung war Bathori.

Marianus lächelte, wie er immer zu lächeln pflegte, wenn er nicht für gut fand, das ganz zu sagen, was er wußte oder dachte.

Die Geheimnisse, fing er nach einer Pause an, welche uns die Gestirne vertrauen, sind eigentlich ein versiegeltes Buch, davon der Astrolog einen jeden nur sein eignes Blatt lesen läßt; indessen, Bathoris Brief giebt mir Recht, eure Neugier zu befriedigen, und ich gebe nach, so weit es mir erlaubt ist.

Bathori ist so wohl ein geborner Fürst, als Rudolf, aber weder so mächtig, noch so glücklich, wie er. Kaiser Maximilian ist ein großer Kaiser, ein gütiger Vater; Siegmund Bathori ist der Sohn des Fürsten von Siebenbürgen, des gegenwärtigen Königs von Pohlen, eines Mannes, der immer streng und karg gegen den jungen Prinzen war, welchen er im Grunde liebte; Vater Bathors Hang zu Argwohn und Geiz, daher sein rascher Entschluß, als sein Vater den pohlnischen Thron bestieg, zu fliehen und Zuflucht bey dem Kaiser zu suchen, der der Nebenbuhler seines Vaters an der pohlnischen Krone war;

ein wilder, regelloſer Entſchluß, welcher bey ei=
nem andern, als Maximilian, böſe Folgen hätte
haben können!

Der Kaiſer kannte den jungen Bathori, unge=
achtet er ſich ihm nicht entdeckte, er redete ihm
zu, zu ſeinem Vater zurückzukehren, und war
ſo großmüthig, als dieſer auf ſeinem Entſchluſſe
beharrte, ihn nach ſeinem Begehren ſo weit als
möglich zu entfernen, ihn euch zum Geſellſchaf=
ter nach Spanien mitzugeben.

Bathori war aus bloßem Wahn den Armen
ſeines Vaters entflohen, er wußte, daß die pohl=
niſche Krone durch eine Vermählung erkauft wer=
den ſollte, und meynte, unter ſolchen Bedingun=
gen hätte ſie ihm ſelbſt angeſtanden. Er haßte
ſeine beſtimmte Stiefmutter ohne ſie zu kennen,
und fürchtete ſeine künftigen Brüder, von denen
er doch wahrlich nichts zu beſorgen hat, denn
die Prinzeſſin Anna, des vorigen Königs Toch=
ter, die man dem alten Fürſten Bathori ver=
mählte, iſt bereits in Jahren, da der junge ver=
blendete Prinz von ihr wohl keinen Nebenbuhler
an der Krone zu fürchten haben dürfte, ein Traum
hat ihm dieſes in jener Nacht gezeigt, er hat ge=
horcht, und iſt in die Arme eines traurenden
Vaters zurückgeeilt; aber wie ich aus dieſem
Briefe ſehe, ſo iſt ſein argwöhniſches Herz noch
nicht geheilt; er beſorgt noch immer Gefahr,

ungeachtet er einen treuen Warner vor derselben
mit sich nimmt.

Und was ist das für ein Warner? fragte der
aufmerksame Rudolf.

Ich besitze, antwortete Marianus, verschiedene kleine astrologische Kunststücke, die ich zu
Geschenken für meine Lieben aufbewahre. Noch
keinen meiner Lehrlinge habe ich ohne ein solches
Andenken entlassen; auch für euch beyde sind
beym Abschied, der vielleicht bald erfolgen möchte, ein paar kleine Gaben dieser Art aufbehalten, über welche ihr Euch dann nach Gefallen
vergleichen mögt.

Bathori erhielt von mir, was ihm so nöthig
ist, eine warnende Glocke, die es ihm, so bald
er einsam ist, mit hellen Schlägen ansagen
wird, wenn Gefahr vorhanden ist, sich durch eine
rasche Handlung oder thörichten Argwohn von
neuem unglücklich zu machen. Gott gebe, daß
er den wahren Gebrauch dieses unschätzbaren
Schatzes nicht verkenne. Aber ich lese in den
Sternen, der verwahrloseste Jüngling wird der
alte bleiben, Furcht, Habsucht, Wankelmuth
und Argwohn, werden ihn vor seinem Besten
vorüber führen, und er, den das Schicksal zu
mehr als einer Krone bestimmte, wird als ein
Fürst ohne Land sterben.

Die prophetische Geberde, mit welcher Maria=
nus das Schicksal des jungen Bathori vor seinen
Freunden enthüllte, und der eindringende Ton
seiner Worte, spannte die Aufmerksamkeit der
beyden Jünglinge aufs höchste, und stärkte in ih=
nen den schon gefaßten Entschluß, von ihm die
Einweihung in die Geheimnisse der Astrologie
mit Ernst zu begehren.

Marianus willigte ein, und von nun an wur=
den alle im Kloster zugebrachte Stunden der
Erlernung dessen geweiht, was unsere Urschrift
den edelsten Theil des menschlichen Wissens nennt,
und wovon sie auf mehreren Seiten so vieles
sagt, daß derjenige, welcher Geduld hätte, das
alles zu durchlesen, sich vielleicht rühmen könnte,
so viel zu wissen, als der gelehrte Augustiner=
mönch, oder als wenigstens seine beyden hof=
nungsvollen Zöglinge sehr bald wußten.

Zum Probestück der erlangten Fertigkeiten,
ward einem jeden aufgelegt, seine eigne Nativi=
tät zu stellen, und jeder fand in dem, was er
erfuhr — — den Grund seines nachmaligen
Unglücks. Rudolf kannte nach dem Andenken
seiner verstorbenen Schwestern, deren Bild ihm
seit jenem himmlischen Gesicht weit theurer, weit
gegenwärtiger war, als zuvor, nichts, das ihm
lieber gewesen wäre, als der Freund seiner Ju=
gend, sein Bruder Mathias, es entzückte ihn bey

der erſten Stellung der Zahlen ihn überall,
sein Schickſal ganz mit dem Seinigen verwebt
zu finden. Er rechnete weiter, und er fand Umſtände, die ihm bedenklich vorkamen. Er zog
seinen Lehrmeiſter zu Rath, und dieser fand keinen Fehler in der Berechnung. Rudolfs Er-
ſtaunen wuchs wie er weiter gieng. Faſt ließ
es ſich an, als hätte das Schickſal den Bruder,
den er liebte, nach deſſen Wiederſehn er ſo ſehn-
lich ſchmachtete, nicht als Freund, nein als
Nebenbuhler ihm an die Seite geſetzt. Hier
waren Kronen, nach denen ſich beyder Hände
ausſtreckten, dort ſetzte die Liebe beyde auf die
Wagſchale; der arme Rudolf ward zu leicht
befunden, und das Glück entſchied für den überall ausgezeichneten Mathias.

Rudolf war Kaiſer, aber Krieg und mannich-
faltige Unruhen, ließen ihn die Freuden der
Krone nicht genieſſen. Mathias lächelte erſt einer nahen Krone zu, die ihm, die Konſtellatio-
nen beſtimmte es mit Gewißheit, nicht entgehen
konnte; es war eine doppelte, eine *) königliche
und eine kaiſerliche; die Liebe, das ſahe der junge Aſtrolog, hatte ihn ſchon vorher gekrönt, in-
deſſen er, der arme Rudolf, zu ewiger Einſamkeit verdammt, im Dunkeln ſchmachtete. Ma-

---

*) Er ward König in Pohlen und nach Rudolfs Tode
Kaiſer.

thias Schicksal ward in dem Augenblick auf eine
blendende Art glänzender, da sich das seinige
in volle Finsterniß verlor. Ein Todesschauer
überfiel den beklagenswürdigen Nativitätsteller,
er wollte nichts weiter wissen, und warf das
Ganze in einen Haufen zusammen, ohne weder
jetzt, noch jemals Muth und Geduld zu haben,
die peinliche Arbeit von neuem anzufangen.

Als wenn böse Geister ihn verfolgten, flog er
aus seinem Zimmer in das Kabinet, wo Gebhard arbeitete. Er fand ihn eben in einer solchen Extase, als die Seinige war, nur daß Rudolfs halbe Verzweiflung, Gebhards Begeiste-
rung, entzückende Freude zum Grunde hatte.

O Prinz! rief er, indem er ihm entgegen flog,
und ihn mit mehr Freiheit, als er sich sonst erlaubte, an den Busen drückte, ich bin ausser
mir! Hätte ich, hätte ich jemals vom Glück so
viel hoffen dürfen?

Und was?

Die Erlaubniß, meinen Fürsten Freund nennen zu dürfen!

Und ward die Gebharden je versagt?

Ja, Rudolf, ich war euer Freund, wie der
Diener der Freund seines Herrn seyn kann;
aber ich werde es einst seyn, wie der Gleiche des
Gleichen, der Fürst der Freund des Fürsten ist.

Du ein Fürst? wiederholte Rudolf, dessen

Seele nicht ganz frey von dem Stolz des Kai-
serhauses war.

Rechnet selbst nach, diese Zahlen und diese!
— Ziehet den Calcul, sehet hier den Stand der
Gestirne, dort unten Stunde, Namen und Ta-
gezahl! — Nun, was sagt ihr!

Rudolf fand, was Gebhard gefunden hatte,
er legte die Feder hinweg, und warf den Kopf
mit der Miene zurück, als wollte er sagen, unter Fürst und Fürst sey immer noch ein gewal-
tiger Unterschied, und mit dem Sohn eines Kaisers könne sich so leicht keiner messen.

Und weiter! weiter! theurer Rudolf! fuhr der
entzückte Gebhard fort, das Glück der Liebe!
O Agnes von Mannsfeld ist mein! ihr setzt das
Schicksal einem Fürsten an die Seite, und dieser Fürst bin ich!

Aber ich bitte dich, Gebhard, erwiederte der
Prinz, indem er sich an das Schreibepult des
jungen Truchseß setzte, und die Feder nahm,
rechne doch nur weiter, mich dünkt, dort unten
kommen bedenkliche Dinge!

Nein! nein! schrie Gebhard, und vernichtete
mit einem Zuge die Arbeit mehrerer Tage, ich
will nichts weiter wissen. Ehre und Liebe krö-
nen mich, dies ist mir genug. Daß einst der
Tod dies alles endigen wird, ist mir bekannt;
wenn? das verlange ich nicht zu wissen, wer
wollte sich durch die Herbeyrufung ferner un-

vermeidlicher Uebel, den Genuß gegenwärtiger Freuden verbittern? Agnes ist mein, mehr brauchen weder ich noch Rudolf zu wissen.

Der Prinz fand sich durch Gebhards Betragen beleidigt, vielleicht, weil er vorher schon zu Unmuth gestimmt war, vielleicht, weil ein kleiner Neid über das bessere Glück seines Freundes in seiner Seele Platz nahm, vielleicht auch, weil das Betragen des jungen Truchseß gegen die bisherige ihm streng empfohlne ehrfurchtsvolle Zurückhaltung wärklich ein wenig zu kühn war. Der unbedachtsame Jüngling dachte auf einmal eines Kaisersohns Bruder geworden zu seyn, weil das Glück in Zukunft einmal vielleicht einen Fürsten aus ihm machen konnte. Rudolf hatte vielleicht Ursach über die Zudringlichkeit seines Dieners, so wie dieser über seine kalte Sprödigkeit beleidiget zu seyn, und beyde verdienten ohne Zweifel den Verweis, den sie erhielten, als ihr Lehrer hineintrat und den Unfug erfuhr, den sie vorgenommen hatten.

Am meisten schmerzten ihm ihre zernichteten Arbeiten, und die Widerspenstigkeit, mit welcher sie sich weigerten, das mühselige Werk von neuem vor die Hand zu nehmen.

O thörichte Jünglinge! rief der Astrolog, unwürdig des kleinen Gnadenblicks, den euch die himmlische Weisheit schenkte! Ihr habt von ihrer Huld nichts geerndtet als Unmuth und un-

heilbare Verirrungen, denn ihr waret zu träge,
das, was sie euch darbot, recht zu überschauen,
zu voreilig, den Ausgang ihrer Offenbarungen
zu erwarten, der sonst dem einen Mittel wider
die Unzufriedenheit, dem andern ein Heilpflaster
wider thörichten Stolz und Uebermuth gewährt
haben würde. Gehet hin und lernet weise seyn,
und du Gebhard erwäge, daß wenn ich auch in
diesem meinen Verweise dich mit deinem Herrn
in eine Klasse setzte, wenn auch das Glück in
der Folge dich vielleicht einmahl einige Stufen
höher zu ihm hinauf heben sollte, du dich nie
vergessen darfst, wer du jetzt bist, und wer er
ist, wenn du nicht deine eigene Wohlfarth zer-
stören willst.

Von diesem Augenblicke an nahm eine merkliche
Kaltsinnigkeit zwischen Rudolf und Gebhard
Platz, welche dadurch noch vermehrt ward, daß
beyde einen ganz verschiedenen Weg zu gehen begannen.

Rudolf war noch täglich im Kloster, und
suchte im Schoos der Wissenschaften Heilung für
die Schwermuth, welche sein Herz, seit dem fatalen Blick in die Zukunft, mehr als jemahls
folterte. Gebhard, von der Aussicht auf künftige Größe trunken gemacht, von dem Gedanken, seine Geliebte werde einst sein, einst durch

ihn eine große Fürstin seyn, jedes andern Gefühls, als des Gefühls schwärmerischer Liebe beraubt, Gebhard vernachläßigte alles. Die Bü-
cher lagen auf der Seite, und nur Ritter Nunnez bekam jetzt fleißiger Besuche; vielleicht, weil
der junge Truchseß meynte, Waffenerfahrenheit
sey eine Sache, welche einem Fürsten nicht ganz
fehlen dürfe, wenn auch das Glück sich vorgenommen habe, ihn, wie er von sich zu hoffen
schien, gleichsam im Schlafe empor zu heben.

Der thörichte Gebhard! Wonnetrunken tau-
melte er in fernen Zaubergefilden umher, und
sah nicht das Ungewitter, das ihm über dem
Haupte schwebte, er brüstete sich, die Glorie,
die ihn einst umgeben sollte, ausgespäht zu haben, und sahe nicht den Abgrund, der sich vor
seinen Füßen öfnete.

Kein größeres Unglück konnte den jungen
Truchseß in seiner gegenwärtigen Lage befallen,
als das, welches würklich schnell über ihn herein brach. Ein schneller unvorhergesehener Tod
riß nach langer Kränklichkeit seinen Vater dahin. Der gute Greis wollte noch Kräfte sammeln, seinen Sohn der Gnade des Prinzen zu
empfehlen, aber die Sprache fehlte ihm, und
Rudolf nahm das wenige, was er von seinem
Verlangen verstand, bey weitem nicht so auf,
als er es vor Monatsfrist aufgenommen haben
würde. Er versprach dem guten Alten noch ei-

Gebhard. 1. Th.　　　　D

nen würklich herzlichen Dank, den er ihm für
seine geleistete Treue sagte, nur so viel, er wolle
seinem Sohn zur Rückreise nach seinen Gütern
behülflich seyn, und ihm übrigens mit beharrli-
cher Gnade zugethan verbleiben.

Er hielt wenigstens das erste pünktlich, und
die Beerdigung des alten Freyherrn von Waldburg war nicht sobald vorüber, als Don Luigi
Gebharden vor sich kommen ließ, und ihm an-
deutete, er habe seine Entlassung und werde
wohlthun, wenn er sich, da seine Stelle bey dem
Prinzen bereits durch einen jungen Spanier wieder ersetzt sey, so bald als möglich nach Deutschland erhübe.

Man würde dem Prinzen unrecht thun, wenn
man ihm zutraute, blos die kleine Uneinigkeit
bey Gelegenheit des Nativitätstellens habe ihm
seinen Freund so zuwider gemacht, daß er ihn
kaltsinnig, beynahe mit Freuden könnte von sich
ziehen sehen, nein, er hätte andre Ursachen wider Gebhard zu klagen, welche, wenn sie ganz
gegründet waren, den jungen Truchseß, dessen
Herz keiner Niederträchtigkeit fähig war, wenigstens großen Leichtsinns schuldig gemacht
haben würden.

Die Astrologischen Vorgänge im Kloster waren nicht so, daß sie in einem Lande, wie Spanien, allzulaut werden durften; es waren außer
dem Prinzen keine andere Zeugen dabey gewe-

fen, als der abwesende Bathori und Gebhard;
gleichwohl wußte der Großmeister von Calatrava, nun des Prinzen einiger Aufseher, sehr viel
von diesen Dingen, und scheute sich nicht, Rudolfen Vorhaltungen darüber zu thun, und den
ehrlichen Marianus Schott mit Anklage bey seinen Obern zu bedrohen. Der Prinz hatte Spu-
ren, daß die ganze Sache durch den Ritter Nunnez an Don Luigi gelangt war, und daß dieser
sie von keinem andern, als Gebhard, der jetzt
viel um ihn gewesen war, herausgebracht haben
könnte, war dem Prinzen so gut als ausgemacht.

Heut zu Tage strafen und zürnen Fürsten,
ohne es der Mühe werth zu halten, den Gegenstand ihres Unwillens mit der Ursache desselben
bekannt zu machen. Damals war es noch nicht
so; Rudolfs Herz erweichte sich beym Abschied
gegen seinen ehemals so lieben Diener, er machte ihm Vorwürfe, und gab ihm dadurch Gelegenheit, sich zu rechtfertigen. Gebhard, der
bey dem starken Anschein, der wider ihn war,
seine Unschuld durch nichts darzuthun wußte, be-
rief sich auf das Zeugniß der Astrologen; dieser
Mann ward von ihm sowohl als von dem Prinzen beynahe für allwissend gehalten, und die
Appellation an sein Urtheil, war für Gebharden in Rudolfs Augen schon halbe Entschuldigung.

Solltet ihr würklich Muth haben, euch vor
ihn zu stellen? fragte Rudolf halb erweicht?

Kann ich Ulkala verlassen, erwiederte Geb=
hard, ohne meinen treuen Lehrer vorher gesehen,
und ihm gedankt zu haben? Es ist wahr, die
Ungnade, in welche ich sowohl bey ihm als bey
Euch gefallen zu seyn scheine, würde mich zag=
haft zu diesem Besuche gemacht haben, aber an
Eurer Seite —

Wofür fürchtet sich Gebhard, wenn er sich
unschuldig fühlt?

Meine Nachläßigkeit, meine sparsamen Be=
suche im Kloster! antwortete Gebhard mit Ach=
selzucken.

Kommt, kommt! versetzte der Prinz, habt
ihr euch nichts vorzuwerfen, als dieses, so hoffe
ich euch leicht bey unserm Freunde Vergebung
zu verschaffen.

———

Der Prinz und der junge Truchseß verfügten
sich nach dem Augustinerkloster, und der letzte
sowohl als der erste fand eine freundschaftliche
Aufnahme. Gebhard begann sich mit Zittern
wegen seiner wahren und aufgebürdeten Verge=
hungen zu rechtfertigen, und provocirte auf
Schotts Kenntniß der verborgensten Dinge, in=
deß Rudolf voll Erwartung stand, seinen Ge=
fährten durch einen entscheidenden Spruch seines

Orakels entweder völlig gereinigt, oder völlig verdammt zu sehen.

Es erfolgte weder das eine noch das andre, Marianus hüllte seine Antwort in zweifelhafte Ausdrücke, und Rudolf blieb unbefriedigt. Es ist wahr, sagte der Mönch nach einigem Nachdenken, es sind von den Dingen, die ich mit Euch, meinen Kindern, ohne Furcht verhandelte, weil ich glaubte auf unverbrüchliche Verschwiegenheit trauen zu können, Sagen ausgebrochen, welche mich vielleicht bald nöthigen möchten, vor unverdienten Verfolgungen flüchtig zu werben, aber — — ich klage niemand an. Hier, Gebhard, ist meine Hand, zum Beweis, daß ich noch jetzt so von euch denke, wie ich immer dachte —

„Und wie denkt mein theurer Lehrer von mir? fragte Gebhard mit einer Thräne im Auge.

Nicht ganz vortheilhaft, aber auch bey weitem nicht ganz schlimm. — Gebhard! Gebhard! die Nativität kann ich Euch nicht vergessen? Wer so wie ihr mit trunkener Freude dem Schimmer eines gehoften Glücks entgegen taumeln kann, ohne weder Beschaffenheit noch Dauer desselben, noch Mittel dazu zu gelangen, und es fest zu halten, gehörig zu erwegen, wer muthwillig die Augen verschließt, aus Furcht, irgend ein Schatten könne die bunten Bilder seiner Phantasie verdunkeln, kurz, wer so handelt wie

ihr, was soll man dem für ein Prognostikon
stellen? —

Gebhards Thränen brachen los, er sprach viel
von Reue und Besserung, und längeren Aufent=
halt zu Alkala.

Junger Mensch, rief Marianus mit durch=
bringendem Blick, und gen Himmel gehobener
Rechten, prüfet euch wohl, ich beschwöre euch
bey unsern unsichtbaren Zeugen, prüfet euch, ob
Euer Wunsch, länger bey uns zu bleiben, euch
ein Ernst ist.

Gebhard schwieg, denn die schöne Agnes von
Mannsfeld, und die heiße Begierde, sie wieder
zu sehn, kam ihm in den Sinn.

Nun so laßt uns nicht weiter von diesen Din=
gen reden, rief Marianus, und weil ich sehe,
daß wir uns trennen müssen, so laßt uns zur
letzten Scene unsers Abschieds schreiten, die ich
nicht übergehen darf, wenn ich nicht wortbrüchig
werden will. Ich versprach euch einst, auf den
Fall der Trennung, ein Andenken, wie ich es
von je her allen meinen Schülern zu geben
pflegte; Bathori hat das seinige; zwey Stücke
sind noch übrig, für euch und Rudolfen be=
stimmt, ihr sollt wählen. Zwar hat der Prinz
schon vor euch gewählt, aber sollte Eure Wahl
auf das nehmliche Stück fallen, dem er den Vor=
zug giebt, so wird es mir demohngeachtet leicht
werden, Euch und ihn zu befriedigen.

Marianus ging bey diesen Worten zu einer verschlossenen Nische in der Mauer, und holte seine Geschenke heraus, die er vor Gebharden auf den Tisch stellte: Einen runden von Stahl geschliffenen Spiegel, und zwey seltsam gestaltete Wurzeln, in purpurfarbene Seide gehüllt. Es wird nöthig seyn, setzte er hinzu, euch mit den Tugenden dieser Dinge bekannt zu machen, und durch die Kenntniß ihres Werths eure Wahl zu lenken; ihr sehet, dieser Spiegel ist mit zu vielen Eindrücken und Krümmungen durchzogen, um zu dem nehmlichen Endzweck, wie andre Spiegel zu dienen; ihr erblickt nichts in demselben, als abgerissene Stücke von dem, was ihr ihm entgegen stellt, die kein Ganzes formiren. Sein Gebrauch ist so mystisch, als die Charaktere, die seine Einfassung zieren. Der Sphinx, das Sinnbild des Geheimnisses, auf dem obern Ende derselben, zeigt euch die verborgenen Tugenden des Kunststücks, es gewährt dem Besitzer, wenn er es recht zu gebrauchen weiß, die Kenntniß der verborgensten Dinge, und den höchsten möglichen Grad des menschlichen Wissens. Derjenige, welcher nur einige Tropfen von dem Nektar der Weisheit gekostet hat, wird wohl ehe alles hingeben, als dieses Mittel aus der Hand lassen, zum Genuß der vollen Ströme zu kommen.

Das andre Geschenk, das ich euch zur Wahl aufstelle, ist ein bloßes Erdprodukt, zwo Man-

dragorawurzeln, unter einer besondern Konstella-
tion gegraben, und in geweihten Purpur gehüllt; man sagt, sie gewähren dem Besitzer Fürstengunst und Frauenliebe, und helfen ihm zu
den höchsten Ehrenstaffeln empor, ohne daß er
dazu weitere Mühe, Kunst und Geschicklichkeit
braucht, als die Bewahrung und Pflege dieser
Unterpfänder seines Glücks; gemeine Dinge, die
ihr von jedem Anfänger in dem Studium der
großen Natur lernen könnt. — Nun, Gebhard,
ihr wißt nun, was ihr vor euch habt, wählet,
was ihr zur Befriedigung eurer geheimsten Wünsche am nothwendigsten haltet.

Gebhard wollte den Mund öfnen, aber er
stockte und sann nach; nicht, als ob er zweifelhaft gewesen wäre, wozu er greifen sollte, o
nein, seine Wahl war geschehen, Agnes und der
Fürstenhut kamen ihm wieder in den Sinn, und
sein ganzes Herz neigte sich zu den geheimnißvollen Wurzeln, die ihrem Besitzer das Unterpfand
des Glücks, der Liebe und der Ehre werden sollten. — Ganz eine andere Sache war es, was
ihn beunruhigte: Sein Herz sagte ihm, er habe
nicht so gewählt, wie Marianus Schott es bil-
ligen würde, und er schämte sich, sein und des
Prinzen Hohngelächter auf sich zu ziehn; gleichwohl war ihm die Seligkeit gränzenlosen Wissens, die ihm der Spiegel versprach, nichts gegen Fürstengröße und Minneglück, nach welchen

seine Seele schmachtete, seine Wahl blieb fest,
und er sann nur nach, wie er sie auf eine schick-
liche Art rechtfertigen sollte.

Wenn der Prinz, begann er nach einer langen Pause, so wie ich, unter diesen beyden Stücken die Wahl gehabt, wenn er, wie ihr sagt,
schon gewählt hat, so fiel gewiß seine Wahl auf
den Spiegel; mir gebühret nicht, ihm Eingriffe
in seine Rechte zu thun, und ich bin zufrieden,
daß die andere, vielleicht geringere Gabe auf
meinen Antheil falle.

Ihr vergesset, unterbrach ihn der Mönch,
was ich vorhin sagte; doch dieses bey Seite gesetzt: warum glaubt ihr, daß er den Spiegel
gewählt habe? Weil ihr ihn überhaupt der klüg-
sten Wahl fähig haltet?

Nicht allein dieses, sondern auch, weil ich
glaube, daß ihm die andere Gabe entbehrlich ist.
Was könnte ihm der kräftigste Talisman von Für-
stengrüße zusichern, das er nicht schon besitzt?

Erwegt ihr nicht, daß an euer gewähltes Kleinod auch Fürstengunst und Frauenliebe gebunden
ist? Rudolf hat Ursach, oder glaubt sie zu haben, über die Zuneigung einiger Personen seines
Hauses zweifelhaft zu seyn, was wäre ihm wohl
erwünschter, als sich hierüber zufrieden stellen zu
können? überdies, Rudolf ist nicht schön; Prinzeßinnen sehen sowohl in der Liebe auf körperliche
Schönheit, als gemeine Jungfrauen; er ist so-

wohl ein Jüngling als ihr, seine Wünsche gehen
vielleicht so gut auf Minneglück, als die Eurigen,
glaubt ihr, daß es ihm gleichgültig seyn könne,
sich desselben durch die Gunst der Gestirne unwi=
dersprechlich versichern zu können? — Nein, Geb=
hard, eure Ausflucht taugt nichts, und beharrt
ihr auf Eure Wahl, so —

Ich beharre darauf, versetzte Gebhard, und
streckte die Hand nach der purpurfarbnen Hülle
seines Kleinods aus, indeß der Astrolog dem Prin=
zen den Spiegel, den er in der That schon vor=
her mit heißer Begierde gewählt hatte, zusprach,
und sich dann wieder zu dem jungen Truchseß
wandte, kaltsinnigen Abschied von ihm zu nehmen.

Gebhard, sagte er, ihr seyd ein verlorner Mensch,
wenn ihr nicht weiser werdet; doch ihr seyd jung,
ihr bedürfet Rath, und ihr sollt ihn haben, so=
bald ihr dieses Bedürfniß fühlen werdet, jetzt wär
es vergeblich, euch denselben aufzudringen.

Und wenn ich einst um diesen Rath bitte, erwie=
derte Gebhard, wo soll ich ihn finden, von dem
ich ihn am liebsten annehmen möchte, Euch den
treuen Lehrer meiner Jugend?

Keine Schmeicheleyen, Gebhard! Derjenige,
bey welchem ihr am liebsten Rath nehmet, das
seyd ihr selbst; doch solltet ihr einst nach mir Ver=
langen tragen, so wird der Prinz immer Nachricht
von meinem Aufenthalt haben, und diesen werdet
ihr ja auf dem Kaiserthrone zu finden wissen!

Gebhard verbeugte sich, weil er dieses Gesprächs
herzlich überdrüssig war, Rudolf umarmte ihn
kaltsinnig, der Mönch gab ihm einen deutungs-
vollen Seegen, den er nicht beobachtete, und man
trennte sich.

———————

Bald nach Gebhards Abreise von Alkala änderte
sich auch das Schicksal des Prinzen. Der Ordensmeister von Calatrava wandte die letzten Kräfte
an, ihn der mönchischen Erziehung zu entreissen,
die, wie er sehr weislich urtheilte, einmahl einen
schlechten König aus ihm machen würde. Marianus Schott bekam heimliche Weisung, wie man
ihn in Verdacht verbotener Künste habe, und wie
er wohl thun würde, einer strengen Untersuchung
zeitig auszuweichen. Diese Warnung zeigte, daß
man ihn mit Schonung zu entfernen wünschte,
er gehorchte dem Wink, foderte Dispensation zu
einer Reise nach Rom, und umarmte den Prinzen, dessen Herz an ihm hing, und der ihm die
heißesten Thränen nachweinte.
Nach seinem Abschied ward ihm sein längerer
Aufenthalt zu Alkala lästig und langweilig, auch
verlief noch ein einziges Jahr bis zu seiner Zu-
rückberufung an den väterlichen Hof, man forderte ihn nach Preßburg, allwo er zum römischen
König gekrönt wurde, und seinen Bruder Mathias wieder sahe; doch ach nicht mit den Empfin-

dungen, mit welchen er ihn in seinen Knaben-
jahren verließ! Sein vorher schon zu Argwohn und
schwarzen Verdacht geneigter Charakter, war durch
die im Kloster verlebten Tage, durch das tiefsinnige
Studium der Astrologie, und die daraus geschöpfte
unvollkommene Kenntniß künftiger Dinge nicht
heiterer und offener gemacht worden, und lag in
der Wendung, die man der ersten Bildung dieses
guten Prinzen zu geben suchte, Hoflist, Kabale
und Wunsch, die Eintracht der Brüder zu stören,
zum Grunde, so hatte man seinen Endzweck völlig erreicht. — Rudolf kam den herzlichen ofnen
Umarmungen des feurigen Matthias sehr kaltsinnig entgegen, weil ihm die streitigen Kronen, und
andere von der gestellten Nativität zurückgeblie-
benen Bilder unabläßig vor Augen schwebten.
Mathias fühlte sich anfangs gekränkt, denn be-
fremdet, zuletzt beleidigt, und der erste Grund
zum heimlichen Bruderhaß war da, auf welchen
dann diejenigen, welche ihren Vortheil bey Mis-
verständnissen im kaiserlichen Hause suchten, mit
vielem Glück fortzubauen suchten.

Doch wir vergessen, daß die Prinzen nicht unsere eigentlichen Helden sind! es sey uns erlaubt,
zu unserm Gebhard zurückzukehren. Rudolf und
Mathias werden uns in dem Verfolg seiner Geschichte schon wieder entgegen kommen.

Gebhard war verliebt, in Agnes von Mannsfeld verliebt, dies ist eigentlich das vornehmste,

was unsre Leser bis jetzt noch von ihm wissen, und es wird daher nöthig seyn, ihnen von diesen Dingen, welche den Grund seiner nachmahligen Geschichte ausmachen, etwas mehreres zu sagen.

Agnes, Gräfin von Mansfeld, eine nahe Verwandtin von Gebhards Mutter, war die jüngste unter einer Menge von Brüdern und Schwestern, man achtete ihrer wenig im väterlichen Hause, wo eine Stiefmutter das Regiment führte, ihr Vater und der älteste ihrer Brüder waren abwesend, und sie wurde in dem Hause ihrer Tante, der Freyfrau von Truchseß, mit Gebhard und Carl erzogen, erst von den beyden Jünglingen als Schwester und Spielgefährtin, denn bey mehreren Jahren, mit höherer Zärtlichkeit geliebt. Sie war das schönste, unschuldigste Geschöpf, das man sich denken kann, fromm, sittsamm, tugendhaft, und wie bey diesen Vorzügen, den höchsten, die wir an einem Mädchen kennen, nur allzuoft geschieht, mit einem zärtlichen, allzuzärtlichem Herzen begabt; sie war gegen die Liebe beyder Brüder nicht undankbar, aber ihre Wahl entschied für den ältern; die Ursach? — weil der wackere Carl, obgleich seinem Bruder am innern Werth unendlich überlegen, nicht schön, Gebhard hingegen von so einnehmender Figur war, als der schönen Agnes nur jemals, jenseits ihrem Spiegel, zu Gesicht gekommen seyn mochte.

Agnes war sich der Ursach, die ihre Wahl be-

stimmte, nicht bewußt, sie hatte Verstand, und würde sonst anders gewählt haben, aber ihr Auge täuschte ihr Herz, und gab dem jungen Gebhard so viel Schönheit der Seele, als er Schönheit des Körpers besaß, die Täuschung war nicht schwer, denn Gebharden fehlte es weder an Verstand noch guten Herzen, Eigenschaften, welche die Liebe unendlich erhöhte, und sie zum Deckmantel aller kleinen Schwächen machte, welche bey Gebharden hier und da durchblickten; sein Stolz war in den Augen seiner jungen Liebhaberin Bewußtseyn seiner Vorzüge, sein Leichtsinn Feuer, seine Unbesorgtheit hoher Muth, die kühne Wagniß aufs Ungewisse, die er frühzeitig in allen Dingen äußerte, Tapferkeit, und so erwuchs in ihr eine Leidenschaft, welche der seinigen gleich war, und ein Vorurtheil für den Geliebten, welches in der Folge den härtesten Schicksalen troß bot.

Die Liebenden wurden getrennt. Gebhard und Carl begleiteten den kaiserlichen Prinzen nach Spanien, Gebhard schied mit hohem Muthe, weil er viel von dem gewahr werden konnte, was Agnes sittsame Zurückhaltung ihm verbarg, und Carl so traurig, daß er, wie wir im Anfang dieser Blätter gesehen haben, zu Wien dem Kummer erlag und krank zurückblieb, da sein Bruder Rudolfen nach Alkala begleitete.

Jahre waren seitdem vergangen, die Liebenden, welche bey ihrer Trennung noch sehr jung waren mehr heran gewachsen, und hatten die Gefühle

der Kindheit in das Jünglingsalter h erüber ge
nommen. Carl, entschlossen, seine Leidenschaft
heldenmüthig zu bekämpfen, war in den Diensten des Prinzen Matthias geblieben, und hatte
das väterliche Schloß und die geliebte Agnes all
diese Zeit über nicht wieder gesehen. Gebhard
kehrte liebend und hofnungsvoll aus Spanien zurück, und fand seine Geliebte — im Kloster.

Die junge Gräfin von Mannsfeld, die jüngste
Tochter eines Hauses, welches für seine zahlreiche Familie lang nicht bemittelt genug war, um
alle seine Sprößlinge standsmäßig in der Welt
zu versorgen, hatte fast nie andre Aussichten haben können. Einige ihrer ältern Schwestern waren fürstlich, andre blos adelich verheirathet, einige ihrer Brüder folgten den Waffen, andere
hatten der Kirche huldigen müssen, und für die
arme kleine Agnes war der Schleier aufgehoben.

Der Aufenthalt in dem Truchseßischen Hause
hatte eine Zeit lang andere Hofnungen begünstigt.
Die Frau von Waldburg liebte ihre Nichte, sie
sah gern, daß sie die Aufmerksamkeit ihrer Söhne
auf sich zog, und freute sich, daß die Vorliebe
des jungen Fräuleins sichtbar auf Gebharden,
den Liebling seiner Mutter fiel.

Schon war es zwischen der alten Dame und
der schönen Agnes zu verdekten Erklärungen über
diesen Punkt gekommen, schon hatte die erste der
letztern versichert, daß sie sich in einer solchen

Tochter glücklich schätzen würde, daß sie hoffe,
ihr Sohn werde einer solchen Geliebten würdig,
aus Spanien zurükkehren, und daß dann an der
Einwilligung des mannsfeldischen Hauses nicht zu
zweifeln wäre, als der Tod des alten Freyherrn
von Waldburg alles zertrümmerte.

Ihn auf die Seite der Liebenden zu ziehen,
wäre nicht schwer gewesen, er liebte die junge
Agnes, welche jedermann lieben mußte; Ihr
Haus prangte mit dem höchsten Adel, und der
Mangel an Vermögen war — für ihn zu übersehen. Aber jetzt, da dieser gute Greis nicht
mehr war, gewann alles ein verändertes Ansehen;
seine Söhne, bereits an den Gränzen der Fahne,
da es dem Jünglinge erlaubt ist, für sich selbst
zu sorgen, mußten sich noch gefallen lassen, unter die Vormundschaft eines Oheims zu kommen,
und dieser Oheim war nicht der Mann, von dem
man Begünstigung der Wünsche der Liebenden
hoffen konnte.

Es war Bischof Otto von Augsburg, ein Mann,
der im Schooße der Kirche, Glück, Ueberfluß
und Ruhe gefunden hatte, ein Mann, der Hoffnung zu den höchsten Ehrenstellen in derselben
hegte, und schon jetzt dem Kardinalshut mit un-
getäuschter Erwartung entgegen sah.

Das Glück, das er selbst genoß, gönnte er
niemand lieber, als seinen Neffen; von ihrer
Kindheit an hatte er gewünscht, wenigstens einen

Geiſtlichen zu ſehen, um an ihm die volle Macht zu zeigen, einen Liebling empor zu heben. Seine Vorliebe war immer auf Gebharden gefallen, den er ſanfter, gefälliger, lenkſamer, und alſo zum Dienſt der Kirche geſchikter fand, als Carln. Es war ſonderbar, Gebhard hatte den Einfluß ſeines Talismans, der ihm Fürſtengunſt und Frauen. liebe bringen ſollte, ſchon lang vorher erfahren, ehe er ihn erhielt, war er nicht der Liebling ſei= ner Mutter und der ſchönen Agnes, und hieng nicht von Kindheit an, das Herz ſeines fürſtli= chen Oheims an ihm, ſo wie Kaiſer Maximilian und Prinz Rudolf in der Folge faſt erſten Bliks für ihn eingenommen waren?

Die Zuneigung des Biſchofs von Augsburg, die er nie ſonderlich geſchätzt hatte, ſollte jetzt in ſeiner Abweſenheit die erſtern bittern Früchte für ihn bringen. Biſchof Otto kannte das Verhält= niß, welches zwiſchen ſeinem Neffen und der jun= gen Gräfin von Mannsfeld war, und er bekam nicht ſobald Gewalt über ihn, als er eilte, daſſelbe zu ſtören. Gebhard ſollte und mußte der Kirche geopfert werden, nnd damit Agnes nicht dieſem Opfer Hinderung ſchafte, ſollte ſie ein ähnliches zuerſt bringen.

Die Frau von Waldburg war durch Biſchof Ot= tos glänzende Vorſpiegelungen bald zu gewinnen, die Grafen von Mannsfeld hatten nichts wider den Stand, den ſie der armen Agnes von Kindheit

Gebhard. 1. Th.   E

auf bestimmt hatten, sie hatte keinen Schutz, und
so geschahe es, daß sie bereits das Novizenkleid
trug, als man durch wachsende Kränklichkeit des
alten Freyherrn von Waldburg, und der immer
bedenklichern Zeitungen, die aus Spanien einlie-
fen, nur noch die Muthmassung hatte, seine unmündigen Söhne könnten bald unter die Vormundschaft des geistlichen Oheims kommen, und
er dadurch in den Fall gesetzt werden, mit Gebhard,
seinem Auserkohrnen, zu schalten, wie er wollte.

' Ach Gebhard! Gebhard! dich vergessen! seufzte
Agnes am nächtlichen Altar, vor welchem sie
nun bald ihr Gelübde ablegen sollte! — das war
die klagende Stimme, welche der Astrolog einst
im Gesicht vor Gebhards Ohren brachte, der
leichtsinnige Jüngling fühlt in derselben nichts,
als das Entzücken, in dem Andenken seiner Geliebten zu leben, und sogar der Gegenstand ihrer
Gebete zu seyn; die Umstände, welche die Töne,
die ihm so süß lauteten, bedenklich machten, über-
sahe er, nach seiner gewohnten Flatterhaftigkeit,
sah nicht die Thränen, die aus des Mädchens
Augen strömten, oder hielt sie einig für Thränen
sehnender Liebe, sah nicht den klösterlichen
Schleyer, der sie schon halb bedeckte, oder hielt
ihn für eine Tracht, die sie aus Gefälligkeit gegen die Elisabethinerinnen angelegt habe, in deren
Hause sie oft Besuche von einigen Wochen abzulegen pflegte.

Gebhard hatte hier gehandelt, wie bey der astrologischen Erforschung seines Schicksals, er hatte das Angenehme mit Entzücken hingenommen, und die Augen, so fest er konnte, vor dem verschlossen, was ihm hätte Kummer machen können, eine Maxime, die er sein ganzes Leben hindurch beobachtete, und dadurch endlich das ward, was sein gutes Glück, das ihm dann und wann noch immer lachte, sicherlich nicht aus ihm hatte machen wollen.

———

Agnes hatte bey den Elisabethinerinnen zwey Freundinnen gefunden, deren Umgang ihr ihr strenges Loos versüßte. Sidonie, die Gräfin von Aremberg, und die junge Prinzeßin Anna, Ferdinand des zweyten Tochter, zwo Damen, die sich der jungen Verlassenen annahmen, und ihr zuschwuren, ihr Schicksal so viel als möglich zu lindern.

Eine gewaltige Linderung erhielt sie schon durch den langen Aufschub ihres Gelübdes. Die Aebtißin des Klosters war gestorbeu; es fanden sich mehrere Competentinnen; die Klosterfrauen bestanden in ihrer Wahl auf der Prinzeßin Sophia, einer Tochter Kaiser Maximilians, und ältern Schwester Rudolfs, aber diese Dame, ob sie gleich schon als Nonne verschiedene Jahre zu Kloster Wettingen gelebt hatte, war doch zu der

Stelle, welche man ihr antrug, noch viel zu jung, und der Consense und Dispensationen, welche darüber einzuholen waren, waren so viele, daß darüber viel Zeit vergieng, und die Einkleidung der Gräfinn von Mannsfeld und einiger andern jungen Novizen, (mit welcher Feyerlichkeit man die Einführung der neuen Domina zu verherli= chen dachte) ungewöhnlich lang verschoben wurde.

Gebhard fand seine Geliebte noch im Noviziat, er erfuhr den ganzen Zustand seiner Sachen in dem mütterlichen Hause, und erhielt, als seine Verzweifelung durch die Unmöglichkeit, seine Agnes zu sprechen, aufs höchste getrieben wur= de von einer mitleidigen Seele, die ihn und Agnes liebte, von der Amme der jungen Gräfin den Rath, sich am Gitter bey der Gräfin von Aremberg melden zu lassen, und das Uebrige von ihr und dem Schicksal zu erwarten.

Dieses gelang; die Gräfinn von Aremberg, selbst in den Leiden durch geistliche Gelübde getrennter Liebe hocherfahren, fühlte Mitleid bey Gebhards Thränen, und Agnes in ihrer Novizlentracht er= schien das nächstemahl mit ihr am Gitter.

Welch eine Zusammenkunft der beyden Lieben= den! welch ein Wiedersehn! Agnes verhehlte ihre Thränen nicht, ließ ihren Geliebten mehr von ihrer Zuneigung sehen, als außer dem Kloster geschehen seyn würde, und dieser beging, nach seiner Gewohnheit tausend Ausschweifungen, und

redete Dinge, welche niemand als die tolerante
Gräfin von Aremberg, sie, die aus mehr als
einer Ursache, Mitleiden haben gelernt hatte,
hätte hören dürfen.

Die Gräfin von Aremberg war nicht allemahl
gegenwärtig, wenn Agnes und Gebhard sich am
Gitter sahen, sie hatte oft Briefe an Salentin,
den Erzbischof von Kölln, einen Grafen von
Isenburg, ihren nahen Verwandten, zu schreiben,
deren Bestellung an die dritte Hand, durch wel-
welche sie ihm zukamen, Gebhard übernahm,
und also natürlich manche Stunde bey seiner
Geliebten im Sprachzimmer zubringen mußte,
die er ungerne abgekürzt sahe; das Kloster hatte
damals kein Oberhaupt, manche kleine Freyheit
ging hin, die unter den Augen einer strengen
Aebtißin nicht geduldet worden wäre.

Und wenn man sich gleich liebte, wie Jakob
und Rahel, denen vor lauter Liebe sieben Jahre
zu einzelnen Tagen wurden, so kann man doch,
wenn man sich täglich sieht, unmöglich immer
von Liebe reden; Liebe sey immer der Eingang
und das Ende eines jeden Gesprächs, so entwi-
ckeln sich doch aus demselben andre Dinge, welche
der Unterhaltung mehr Feuer und Abwechselung

gewähren, und nicht selten der Grund zu dieser oder jener großen Ereigniß werden.

Agnes war nicht immer so willig, wie das erstemal am Gitter, ihrem Liebhaber das volle Feuer ihrer Leidenschaft blicken zu lassen, sie nahm oft die scheue Zurückhaltung wieder an, mit welcher sie ihn vor der spanischen Reise, so jung sie auch damals war, hinzuhalten mußte, und die sie mit Recht für ihren gegenwärtigen Stand besonders schicklich fand.

Kann Agnes grausam gegen mich seyn? fragte Gebhard eines Tages, kann sie ihr eignes Herz gegen mich verleugnen, gegen mich, der es in ihren einsamsten unbewachtesten Stunden belauscht hat.

Belauscht? mich belauscht, in meinen einsamsten Stunden?

Wollt ihr die Liebe leugnen, die ihr mir an heiliger Stätte gestanden habt?

Was meynt ihr?

(Gebhard mit ausgebreiteten Armen, gen Himmel gerichtetem Aug — und der ganzen Pantomime, die ihm von dem Gesicht im Augustiner-kloster noch unvergeßlich war) — o Gebhard! Gebhard! dich verlassen? dich vergessen?

(Agnes erschrocken.) Wenn sagte ich das? und wenn hörtet ihr mich?

Laßt mich sehen! — Es war vorm Jahr, am Abend vor Kreuzerhöhung, wenig Minuten nach Mitternacht!

(Agnes noch, erschrockener.) Ihr waret damals in Spanien, und ich —

Und ihr in diesem Kloster. Noch sehe ich euch knien, noch sehe ich eure schönen Augen gen Himmel strömen, noch ist mir alles erinnerlich, bis auf den kleinen Umstand, daß die eine der Wachskerzen auf dem Altar verlosch, und ihr — —

Gebhard, seyd ihr ein Gespenst oder ein Zauberer?

Agnes!

Kein Wort weiter! Entfernt euch, wenn ihr mich nicht tödten wollt!

———————

Von unsern heimlichsten Heimlichkeiten öffentlich reden hören, Scenen, bey welchen wir gewiß sind, nur die Unsichtbaren zu Zeugen gehabt zu haben, als eine bekannte Sache detaillirt zu sehen, o meine Leser, wer ist unter uns, der hiebey nicht eine sonderbare, mit einigem Schauer verbundene Empfindung erfahren würde? man verzeihe also der jungen Agnes, wenn sie bey dem, was ihr Gebhard sagte, ein Entsetzen fühlte, das freylich durch Umstände noch erhöht ward.

Niemand kann von der vollen Zeugenlosigkeit
irgend einer Handlung so gewiß überzeugt seyn,
als es Agnes von ihrem damahligen nächtlichen
Gebet am Hochaltar der Elisabethinerinnen war.
Die fromme Schwärmerin, mit Liebe zu ihrem
Gebhard und aufgeregten Religionsempfindun-
gen ringend, ohne Leitung, ohne Rath, auf
welche Seite sie sich schlagen sollte, ohne Hofnung, ob sie das, wohin ihr Herz am meisten
hing, Beständigkeit für Gebhard, würde durch-
setzen können, diese junge Verlaßne hatte in den
Bedrängnissen, die sie von allen Seiten erlitt,
alles auf überirrdische Entscheidung gesetzt. Nie
ist irgend ein Götterspruch mit größerer Zuversicht erwartet worden, als Agnes erwartete, zu
gewisser von ihr bestimmten Zeit die Stimme
Gottes in ihrem Herzen zu hören, ob sie der
Liebe, oder dem Eindringen derer folgen solle,
welche ihr zum Kloster riethen. Die Zeit war
fast verflossen, ihr Herz sprach noch so laut als
jemals, für Gebhard; zu fromm und gewissen-
haft diesem, was sie mit Recht nur Stimme
der Natur nannte, ganz zu trauen, wollte sie
noch einmal an heiliger Stätte um göttliche Leitung flehen. Durch strenges Fasten, fast zwey
voller Tage zubereitet; durch Lesen schwärmerischer Schriften, die ihre Andacht nähren sollten,
in die überspannteste Gemüthsfassung gebracht,
machte sie sich am Abend vor Kreuzeserhöhung,

eine Stunde vor Mitternacht auf, zu ihrer Bet-
fahrt. Kein Pilger ist je zum heiligen Grabe
mit mehrerer Inbrunst gewallt. Der Schlüssel
zur Klosterkirche war in ihren Händen, mit List
hatte sie sich desselben bemächtigt, mit zitternden
Schritten schlüpfte sie durch die tönenden Hallen,
die sich über Gräbern empor wölbten, vermittelst
einer kleinen Leuchte in ihrer Hand, zündete sie
die Kerzen auf dem Altar an, auf dessen Stufen
sie sich nunmehr niederwarf und Gebete begann,
von denen Gebhard im Gesicht nur einige Worte
vernommen hatte, Worte, die ihr nur gar zu
lebhaft noch im Sinne lagen, und deren Wie-
derholung ihr also, da sie wußte, daß sie von
keinem Sterblichen gehört worden seyn konnten,
wohl einigen Schauer machen mußte; ihr Herz
hatte mit denselbigen den Wunsch verbunden,
wär dieses Verlassen, dieses Vergessen ihres Geliebten, Wille des Himmels, so möchte er ihr
denselben durch irgend ein sichtbares Zeichen kund
thun, und ihr Herz vermittelst desselben zu wil-
ligem Gehorsam stimmen. Zitternd wünschte sie
dies, und siehe, die eine der geweihten Kerzen
verlosch, bald darauf auch die andere. Tiefe
Dunkelheit umhüllte die zagende Beterin, die
ohne Rücksicht auf den Zugwind, der durch das
Gewölbe wehte, die verloschenen Kerzen für
Entscheidung ihres Unglücks annahm, und ohn-
mächtig auf den Stufen des Altars niedersank.

Hier fand sie noch der anbrechende Tag, sie ermunterte sich. Furcht, entdekt zu werden, machte, daß sie sich zitternd erhob, und nach ihrer Zelle schlich, um sich auf ihr Bette zu werfen, auf welchem sie ein heftiges Fieber, eine Folge der nächtlichen Begebenheit, Wochenlang fest hielt.

Diese nächtliche Begebenheit hatte Aufsehen erregt, ob man gleich derselben nie hatte auf den Grund kommen können. Agnes hatte in der Schwachheit, mit welcher sie nach ihrer Zelle schlich, den Schlüssel an der Kirchthür vergessen, welchen die Domina selbst zu verwahren pflegte, man sah, daß die Kerzen auf dem Altar gebrannt hatten, und weil man nun auf keine Art die Wahrheit muthmaßen konnte, so hatte man aus der ganzen Sache ein Vorzeichen gemacht, welches, wie man meynte, auch bald darauf durch den Tod der Aebtißin gerechtfertigt wurde. Die kranke Agnes aber blieb unbeargwohnt und unbefragt, und hatte auch nie, selbst gegen ihre vertrauteste Freundin, die Gräfin von Aremberg nicht, mit jemand von diesen Dingen gesprochen, daher Gebhards Wissenschaft von denselben sie billig äußerst befremden mußte.

Jetzt war die Gräfin von Aremberg ihre Vertraute bey dieser Sache, sie trat eben ein, da Gebhard auf die dringende Forderung seiner

erschrockenen Geliebten das Sprachzimmer hatte
verlassen müssen, und sie selbst noch ganz ausser
sich an die Mauer gelehnt da stand, und sich
nicht zu fassen wußte.

Die Gräfin von Aremberg dachte in vielen
Stücken aufgeklärter, als das Klosterfräulein,
sie überzeugte sie, daß man oft auch über die
unbegreiflichsten Dinge Auskunft finden könne,
ohne eben darum Wunder zu Hülfe zu nehmen.
Nach ihrem Rathe mußte Gebhard ernstlich über
den ganzen Vorgang befragt werden, und er
ward es gleich des nächsten Tages.

Gebhard fand kein Bedenken, den schönen
Fragerinnen alles zu entdecken, was sie so drin=
gend von ihm verlangten, und die ganze Geschichte
im Augustinerkloster kam zum Vorschein; Dinge,
welche ihm, dem sie unter Augen seines Lehrers
geläufig geworden waren, weit unbeträchtlicher
vorkamen, als den Damen, die starr und bleich
vor Erstaunen ihm gegenüber saßen, und sich
das, was ihnen im Grunde keinen kleinen
Schauer erregte, zehnmal von dem jungen
Truchseß wiederholen ließen.

Dem Erstaunen und dem Schauer folgten
andre Empfindungen, denn jetzt erzählte Gebhard
von dem Unterricht, den er selbst in der Astro=
logie erhalten, und von den Progressen, die er
in dieser tiefsinnigen Wissenschaft gemacht hatte,
erzählte von seiner eigenen Nativität, und von

dem Glück, der Ehre und der Liebe, das ihm die Gestirne weissagten.

Agnes sahe den Jüngling, der sich so ausserordentlicher Dinge rühmen konnte, mit wachsender Theilnehmung an, und selbst die Gräfin von Aremberg betrachtete ihn mit einer Art von Ehrfurcht. Gebhard ein Fürst? ich die Seinige? wiederholte die erste, indem sie der Sache weiter nachdachte, und ihr Herz von den süßesten Regungen erwärmt fühlte, also nichts mehr vom Klostergelübde? oder sollten die Gestirne dem Willen des Himmels widersprechen?

Schade ists, rief die Gräfin von Aremberg, daß der Herr von Truchseß seinem Schicksal nicht tiefer nachgeforscht hat!

Wenn? wie? wo soll das alles geschehen, was ihm das Schicksal verspricht? was für Wege soll er einschlagen, zu seinem Glück zu gelangen?

O wenn Gebhard mich liebt, schrie Agnes, so wird er dieses alles heute, heute noch erforschen!

Nimmermehr! erwiederte er, ich habe geschworen, meine eigene Nativität nie zum zweytenmale zu stellen, ich hatte einen Freund, der durch zu tiefes Forschen seinen ganzen Forschsinn aufopferte, ich weiß von meinem Schicksal genug, um mich desselben zu freuen; der Rest möchte Blu-

terkeiten enthalten, die ich, wenn fie kommen,
Zeit genug fchmecken werde.

Herr von Truchfeß, fprach die Gräfin von
Aremberg, welche eine kleine Weile in Gedanken
gefeffen hatte, ich erwarte morgen Euren Be-
fuch, nicht hier am Gitter, fondern auf meinem
Zimmer, ich habe Dinge von Wichtigkeit mit
Euch abzuhandeln! Jetzt entfernt Euch, euer
Befuch hat für unfre kleine Novize fchon ein
wenig zu lang gedauert.

———————

Die Wichtigkeiten, welche die fchöne Sidonie
von Aremberg mit Agnefens Liebhaber zu bere-
den hatte, waren ein Antrag, den man fich von
der feurigften flüchtigften Dame ihrer Zeit nicht
feltfamer hätte denken können.   Gebhards Er-
zählung hatte Erftaunen, Bewunderung, zuletzt
Neugierde erregt; fie wollte genauer wiffen,
was fie nur oberflächlich gehört hatte, wollte
tiefer in Geheimniffe eindringen, an deren Möglichkeit fie bisher mit freygeifterifchem Unglau-
ben gezweifelt hatte, wollte nicht allein fehen
und hören, weffen fich Gebhard rühmte, nein,
fie wollte es felbft lernen.

Sidonie befand fich in einer Lage, die der Le-
fer aus der Folge beffer wird beurtheilen lernen,
und die uns gemeiniglich fehr forfchbegierig nach

der Zukunft macht: zu wissen, wie gewisse Dun-
kelheiten, die noch auf ihrem Schicksal ruhten,
sich aufklären, wie gewisse Unmöglichkeiten möglich gemacht werden sollten, dies war seit gestern
ihr herrschender Wunsch; sie brannte vor Begierde, den jungen Astrologen zum Mittel der
Beförderung ihrer Wünsche zu gebrauchen, und
gleichwohl lag in ihrer ganzen Verfassung etwas, das es ihr höchst schwer machte, sich jemand zu entdecken, und ein fremdes Auge zu
Erforschung dessen zu gebrauchen, was sie a l-
l e i n sehen wollte. Wie sollten diese widersprechenden Dinge vereinigt werden? — O sehr
leicht, sagte sie zu sich selbst, ich will von einem
Fremden das Sehrohr borgen, und es dann
selbst brauchen. Was Gebhard lernen konnte,
das wird mir zu begreifen nicht unmöglich seyn!
Die Sache kostet nur ein wenig Zeit, und diese
dem Schlaf, dem Putztisch und der Mode abgekürzt, — ja, ja, es wird gehen, und in wenig Monaten bin ich Meisterin der Kunst aller
Künste, und durch dieselbe Meisterin meines
Glücks!

Die Forderung, welche sich auf diese Reflexio-
nen gründete, und nun dem jungen Truchseß
vorgetragen wurde, setzte ihn in Erstaunen; er
machte Einwendungen, ward widerlegt und gab
nach, da er den vornehmsten seiner Einwürfe
entkräftet sahe. Er hatte mit Sidonien von dem

gänzlichen Mangel der Hülfswissenschaften jener großen Kunst gesprochen, die sich aller Wahrscheinlichkeit nach bey ihr als einer Dame finden mußte, und sie hatte ihm mit Lachen entdeckt, daß er hier eine Gelehrte vor sich habe, welche es in der Arithmetik, in den Sprachen u. s. w. mit manchem Abt aufnehmen könnte. Was in der Kindheit meine Plage war, setzte sie hinzu, das soll nun Mittel zu meinem Vergnügen werden, und ich bitte euch, lieber Gebhard, keinen weitern Aufschub, wenn ihr anders wollet, daß ich ferner eurer Liebe hold seyn, und euch in derselben zu Zeiten einige kleine Willfahrungen leisten soll.

Die Beschwörung war zu groß und Gebhard mußte einwilligen; die erste Lehrstunde wurde begonnen, und ihr folgten so viele andere, folgte so viel eignes tägliches und nächtliches Studiren, daß jedermann im Kloster sich wunderte, wie die vornehme Kostgängerin, welche sich bisher ihrer Freyheit so wohl gebraucht hatte, so andächtig geworden sey, daß sie Tag und Nacht über den Büchern liege.

Gebhard sah seine schöne Schülerin bald so weit als er selbst war. Sie wählte sich zum ersten Probestück ihrer erlernten Kunst, die Nativität eines jungen Fräuleins von Rietberg, die sich als Kostgängerin im Kloster aufhielt, und es ereigneten sich gleich in den ersten Tagen,

nach Vollendung des Werks, so auffallende Beweise, daß die Sterne wahr geredet hatten, und
von Sidonien richtig gedolmetscht worden waren, daß sie, wir wissen nicht ob mit mehrerm
Muth oder mit mehrerm Zittern an den Haupt-
versuch gieng, welcher der einige Entzweck ihrer
mühsamen Studien gewesen war, und sich rüste-
te — ihr eigenes Schicksal zu erforschen.

Gebhard war diese Zeit über durch die Wißbegierde der Gräfin von Aremberg sehr von dem
Umgange mit seiner Agnes abgehalten worden,
er mußte manche Stunde jener schenken, die er
dieser gern gewidmet hätte, nun sah er sich mit
Entzücken aus einem astrologischen Schulmeister
wieder in einen Liebhaber verwandelt; und konnte, während Sidonie in den Sternen las, und
Zahlen gegen Zahlen wog, die Gesellschaft seiner
Agnes desto ungestörter genießen.

Ach nur kurze Zeit dauerte diese Freude, ein
Augenblick erschien, den man ohne ein Stern-
kundiger zu seyn, längst hätte ausrechnen können, und der die Trennung der Liebenden wie
ein Ungewitter schnell herbeybrachte.

Wir haben im vorhergehenden gesehen, daß
Gebhard einen Oheim hatte, welchem es gelungen war, schon manche Irrung in die Zufriedenheit seines Neffen einzustreuen und der sich
aus lauter Liebe vorgenommen hatte, dieses in
Zukunft noch mehr zu thun.

Er, der Bischoff von Augspurg war es, der die arme Agnes ins Kloster beförderte, wo sie, seinen Gedanken nach, nun schon eingekleidet seyn mußte. Eine Reise nach Rom um den Cardinalshut zu erlangen, hatte gemacht, daß er das, was in Deutschland, vorgieng nicht so genau wissen konnte, und diese gesegnete Reise, die nach dem Wunsche der Liebenden wohl hätte ewig dauern mögen, war es auch gewesen, was ihnen so schöne Muße und Freyheit gegeben hatte, sich ungehindert und unbeneidet zu sehen, und Oheim und Klostergelübde fast ganz und gar zu vergessen.

Ach nun war Bischoff Otto zurück, und sie wurden nur gar zu schnell an das Vergessene erinnert. Mit Zittern entdeckte Gebhard seiner Agnes, daß er Briefe von Augspurg habe, und sich gleich des andern Tages entfernen müsse. Ihre Antwort waren Thränen.

Sind dies, schluchzte sie, die ersten Proben von dem Glücke, damit Gebharden die Gestirne schmeicheln?

Geliebte, erwiederte er, ich würde in Verzweiflung seyn, müßte ich nicht, daß oft die widrigsten Dinge Mittel zu unserm Glück sind. Was ich auch immer von leichter mühloser Erlangung meines schönen Looses hoffen mag, so läßt sich es doch leicht denken, daß es mir hier nicht ungesucht entgegen kommen wird; oder

Gebhard. 1. Th.　　　　　F

denkt meine Agnes, ich werde den Fürstenhut
hier am Sprachgitter finden?

Und wird er euch beym Bischoff von Augspurg
zu Theil werden? Ach ich sorge, nur allzubald
wird er seinen Neffen der Kirche weihen, und
diese mächtige Braut wird der armen Agnes alle
Ansprüche streitig machen.

Wenn ich meinen Oheim erst ganz für mich
gewonnen habe, dann werde ich ihm bekennen,
daß der geistliche Stand meine Wahl nicht ist,
dann werde ich ihn bitten, mir das Schwerd
umgürten zu lassen, und mit diesem, o mit diesem kann man sehr leicht den Purpur gewinnen.

Ach Gebhard, laß den Purpur, du bleibst
mir lieb auch ohne denselben.

Aber bedenkt meine Agnes auch, daß nur der
Purpur sie mir erreichbar macht? Nur als Fürst
kann ich die Gelübde lösen, die sie schon halb
gebunden haben, einen gemeinen Ritter zu lieben, pflegt der Pabst nicht allzufreygebig mit
Dispensationen zu seyn, und wollte man sie
auch mit Golde aufwiegen.

Aber wie werde ich mich so lang, bis diese
weitaussehenden Dinge Würklichkeit werden, der
Annehmung des Schleyers erwehren können?

Gebhard sann nach, fand keine befriedigende
Antwort, und schloß mit seinem gewöhnlichen
Spruche, dies alles müßte sich schon geben, da
das Glück und die Gestirne auf ihrer Seite wä-

ren; ein leidiger Trost, der weder für Agnes
noch ihn befriedigend war, das zeigten die heissen Thränen beym Abschiede und die tausendmal
von beyden Seiten wiederholte Frage: werde ich
dich auch, und wenn und wie werde ich dich wieder sehn?

Der Leser denke nicht, daß diese zweifelhaften
Worte allein aus dem Munde der jungen Gräfin von Mannsfeld giengen, auch Gebhards Muth
und Glaube sank ein wenig beim Scheiden. Er
sahe wohl, daß die Erreichung seiner Wünsche
nicht so nahe war als er in Spanien geglaubt
hatte, da er fast meynte, den Fürstenhut und
die Hand seiner Agnes gleich bey seiner Ankunft
in Deutschland zur Annahme bereit zu finden;
er dachte jetzt oft an den alten Marianus Schott,
der es ihm so ernstlich verwies, bey seiner Erforschung der Zukunft, blos beym Allgemeinen
geblieben zu seyn, nicht auf Nähe oder Entfernung des ihm bestimmten Glücks, nicht auf
Mittel der Erlangung geachtet zu haben. Oft
wünschte er die Untersuchung noch einmal vornehmen zu können, aber theils fehlte es ihm jetzt
an Muth, Muse und Entschlossenheit zu diesem
schweren Werke, theils hatte auch Prinz Rudolfs
trauriges Beyspiel ihn würklich veranlaßt zu tiefes Grübeln zu verreden, er war Zeuge gewesen,
wie sehr der wenige gute Muth, den sein fürst-
licher Freund übrig hatte, vollends geschwunden

war, als ihm in Rücksicht auf sein eignes Schicksal nichts mehr zu erfahren übrig blieb.

Bischoff Otto empfing seinen Neffen mit wahrer Vaterfreude. Der junge Truchseß hatte sich seit der Abreise nach Spanien ungemein zu seinem Vortheil ausgebildet, sein Körper hatte sich schöner entwickelt, und er stellte jetzt würklich die einnehmendste Figur vor, die je zu einem geistlichen Kleide bestimmt war. Seine Sitten waren noch eben so sanft als zuvor, aber vielmehr nach dem damahligen feinen Weltton geformt; ein Vorzug, den der geistliche Herr wohl einsah, und nach Würden zu schätzen wußte.

O mein Gebhard! rief Otto, indem er ihn in seine Arme schloß, wie ganz bist du das, was ich wünsche, und was ich mir seit deiner frühen Kindheit von dir versprochen habe! Welche glänzenden Stufen sehe ich dich im Geiste besteigen! Sorge nur nicht! dein Glück ist gänzlich mein Werk! Habe ich dich erst so weit, daß du die Weihen annehmen kannst, denn geht es schnell weiter: Prälat! Bischoff! Erzbischoff! Kardinal! — —

O zu viel mein Oheim! zu viel!

Nicht zu viel, mein Neffe, Kardinal, sage ich! und sollte dieser Kardinal einmal der Nepote eines Pabsts werden, dann mit der Zeit auch die dreyfache Krone.

Wär ich der Nepote eines Pabsts, so würde die dreyfache Krone, könnte ich sie auch erlangen, wohl ehe der Gegenstand meiner höchsten Furcht als meiner Hoffnung seyn.

Das zärtliche Kompliment, das in dieser Antwort lag, ward von dem Bischoff wohl verstanden, tief gefühlt, und mit einer verneuten Umarmung belohnt.

Guter Jüngling! rief er, damit du dein Glück nie auf meinen Tod bauen darfst, so werde ich dafür sorgen, daß es bey meinem Leben so fest gegründet werde, daß du es nicht besser verlangen kannst.

Diesem Eingange, der würklich Gebhards weiches Herz ganz für seinen Oheim einnahm, folgte ein ernsters Gespräch über die erlangten Kenntnisse des jungen Menschen. Bischoff Otto schien zu glauben, Gebhard werde wohl zu Alkala nichts mehr getrieben haben, als die gewöhnlichen superficiellen Studien der Höflinge, und es werde ihm einige Mühe und Ueberwindung kosten, sich an die tiefsinnigen Wissenschaften zu gewöhnen, die von einem Geistlichen gefordert werden. Ein Strahl der Zufriedenheit, und die Hofnung seinen Neffen doch nicht ganz

unwiſſend zu finden, ging ihm ſchon auf, als
er erfuhr, Gebhard habe mit dem Prinzen im
Kloſter der gelehrten Auguſtiner zu Alkala ſtu-
dirt, und er erſtaunte bey noch genauerer Un-
terſuchung, in dem jungen Menſchen Schätze
geiſtlicher Weißheit zu finden, die manchem Alten,
die vielleicht ihm ſelbſt fehlten.

Wahrhaftig! rief er einmal über das andere,
indem er mit groſſen Schritten das Zimmer maß,
wahrhaftig, das iſt viel! ſehr viel! das hätt ich
nicht vermuthet! das wird uns ſehr helfen, da
dem Ziel entgegen zu laufen, wo ich glaubte,
wir würden nur gemachſam gehen dürfen. Statt
der Verlegenheit, in welcher ich mich glaubte,
wo ich dich ſollte deine Studien beginnen laſſen,
ſehe ich mich nun verlegen, wohin ich dich deiner Kenntniſſe würdig placiren ſoll. Geh mein
Sohn! ruhe aus von der Reiſe, und den Zweifeln, die du vielleicht über dein Schikſal gehabt
haſt; beſchäftige dich von nun an mit den hei-
terſten Ausſichten, denn noch einmal, dein Glück
iſt meine Sorge.

Ob Gebhard ſich würklich damit beſchäftigte,
was ſein Oheim heitere Ausſichten nannte, das
wiſſen wir nicht, nur ſo viel iſt uns bekannt,
daß er gleich des andern Morgens erfuhr, daß
er einen gewaltigen Fehler begangen hatte, den
Biſchoff ſo viel von ſeiner Gelehrſamkeit merken
zu laſſen. Wie viel ſchöne Zeit hätte er mit

scheinbarer Erlernung nöthiger Dinge gewinnen
können, da man ihm nun schon, als einem
der nichts mehr zu lernen hatte, Bedienungen
entgegen trug und Schritte zumuthete, welche entscheidend waren, und seiner Liebe und
seinen Hofnungen alle Aussichten zu benehmen
drohten.

Gebhard konnte sich seines schnellen Glücks
nicht anders erwehren, als daß er, da man sein
Wissen vollkommen fand, einige Lücken in seinem Glauben äusserte, welche den guten Bischoff
von Augspurg in grosses Schrecken setzten. Gebhard hätte in dem spanischen Kloster die Pole-
mik nicht so ernstlich getrieben haben müssen, als
würklich geschehen war, um mit den Lehren der
Protestanten, welche jetzt immermehr überhand
nahmen, nicht ziemlich bekannt worden zu seyn.
Zwanzig mahl hatte er unter des weisen Marianus Vorsitz, die Ketzer deren Rolle allemal andere junge Klosterschüler spielen mußten, mit
mächtigen Gründen niedergedonnert, und oft gedacht, daß die Ueberwundenen sich besser hätten
vertheidigen können; jetzt kam er auf den Gedanken die Waffen umzukehren, und die oder
jene Lehre seiner bisherigen Gegner als glaublich
wenigstens als nicht ganz widerlegbar vorzu-
stellen.

Daß dieses, da er nichts darunter suchte,
als nur Aufschub zu gewinnen, immer nur in

der tiefften Einfamkeit des bifchöflichen Kabinets
gefchahe, läßt fich denken, aber defto beffer für
die Parthie, deren fich Gebhard damahls nur
noch fcheinbar annahm, und defto fchlimmer für
die Gegenfeite, welche dort keinen Vertheidiger
haben konnte, als den Bifchoff.

Gebhard war feinem alten Oheim zu mächtig,
er ängftete ihn wahrhaftig mit feiner Beredfam=
keit, die alles vor fich her niederftürzte, und
wenn das fo fortdauerte, felbft den heiligen
Stuhl zu bedrohen fchien.

Gebhard fah Thränen in des guten Bifchoffs
Augen, er fürchtete zu weit gegangen zu feyn,
fürchtete, von dem Feuer des Difputirens hin=
geriffen, das zu ernfthaft vertheidigt zu haben,
was er damals noch nicht im Ernft für wahr
hielt. Er lenkte ein. Er hatte erlangt was er
wünfchte, hatte Zweifel in feiner Fähigkeit zum
Dienft der Kirche erregt, und allzuernftes Ein=
bringen wegen Annahme der Weihen von fich
abgewehrt; aber, er hatte auch noch mehr ge=
than, hatte feinen alten Oheim in Bekümmer=
niß und Beftürzung gefetzt, das wollte er nicht,
und er bat faft knieend um Verzeihung.

Verzeihung? erwiederte der bekümmerte Greis,
Verzeihung für das, was dein Unglück, nicht
dein Fehler ift? — Ja, das find die Folgen der
philofophifchen Grübeleyen! Wir treiben die
Spitzfündigkeiten fo weit, bis wir felbft nicht

mehr wiſſen, was wir denken und was wir
glauben ſollen. Doch gehe hin, mein Sohn, ich
glaube, nur dein Verſtand, nicht dein Herz iſt
ſchuldig; gehe hin, ich will auf ernſte Heilung
für dich denken.

Es gehörte nicht in Gebhards Plan ſich ſo
bald heilen zu laſſen; er zeigte ſich willig Grün=
de zu hören, aber er ſorgte immer noch Gegen=
gründe übrig zu behalten, und ſtudirte, damit es
ihm hierinn nie fehlen möge, tiefer in verbotenen
Schriften, die er ſich heimlich zu verſchaffen wuß=
te, als vielleicht auſſerdem geſchehen ſeyn würde.

Er blieb den Gegnern, die ihm der Biſchoff
entgegen ſtellte, immer unüberwindlich, und
mußte es bleiben, da Otto ſich hüten muß=
te, den mangelhaften Glauben ſeines Neffen
nicht dem gelehrteren und vornehmern Theil der
Gottesgelehrten blos zu ſtellen, welche ſeine
Irrgläubigkeit hätten ausbringen, und ihm da=
durch an ſeinem Emporkommen hinderlich ſeyn
können.

Einen mächtigen und gelehrten Freund hatte
der Biſchoff, dem er ſich in dieſer Sache ganz
glaubte vertrauen zu können, von deſſen tiefen
Einſichten er Hülfe erwarten konnte, und den
das Glück gerade zu rechter Zeit damals nach
Augſpurg führte. Es war Friedrich Salentin,
der Churfürſt von Cölln, der mit dem Biſchoff
von Augſpurg in beſondern Verhältniſſen ſtand,

weil er durch ihn am römischen Hofe gewisse Angelegenheiten hatte treiben lassen, die für ihn von der äussersten Wichtigkeit waren.

Salentin, ein geborner Graf von Isenburg, der letzte eines grossen Hauses, welches mit ihm ganz aussterben mußte, gieng mit den Gedanken um, den Stand eines geistlichen Fürsten zu verlassen um sich vermählen zu können. Liebe drängt sich auch unter den geistlichen Purpur, und Liebe zu einer angebeteten Dame war es, was den Grafen von Isenburg vornehmlich bestimmte Dispensationen zu suchen, die er nicht ohne die größten Aufopferungen erhalten konnte.

Sein Freund, Bischoff Otto, hatte auf seiner römischen Reise nach dem Cardinalshute der Sache des Churfürsten von Cölln mächtig vorgearbeitet, aber ganz gewonnen hatte er sie bey weitem noch nicht, er hatte dieses seinem erhabenen Klienten kürzlich überschrieben, der, weil hohes Alter und Schwachheit dem guten Bischoffe die Reise zu ihm verwehrte, jetzt herüber kam, die ganze Lage seiner Angelegenheiten, umständlich aus Ottos Munde zu vernehmen.

Hier war es, wo Salentin den jungen Gebhard Truchseß kennen lernte, dessen Name ihm schon sehr wohl bekannt zu seyn schien, und den er mit einer besondern Vorliebe betrachtete. Der Bischoff empfahl dem Churfürsten seinen Neffen, welcher die Klage über seine Anhänglichkeit an

gewiſſe Irrlehren lächelnd anhörte, und ſeinen
Freund verſicherte, wie er in ſeinen Klöſtern ſo
gelehrte Mönche habe, daß der junge Zweifler
vor ihren Gründen nicht aufkommen und ihnen
ſchnell werde gewonnen geben müſſen.

So nehmt ihn hin, ſagte Biſchoff Otto, nehmt
ihn hin, meinen Neffen, ſorget für ſeinen Glauben und für ſein Glück, ich überlaſſe es euch
ganz, und fordere euch auf, wenn ihr glaubt
mir einige Dankbarkeit ſchuldig zu ſeyn, ſie auf
ihn zu übertragen, und ihm das ganz genieſſen
zu laſſen, was ich noch einzufordern zu alt bin.

Ein Handſchlag bekräftigte hierauf den Ver-
trag der beyden Biſchöffe, und Gebhard ſah ſich
unter dem Schutze eines Fürſten, den man nur
ſehen durfte um ihn zu lieben, und den er bald
darauf mit viel Vergnügen nach Kölln begleitete.
Gebhard hatte doppelte Urſachen, ſich ſeines
neuen Looſes zu freuen; es entriß ihn einem
Orte, wo man zu heftig wegen gewiſſer Dinge,
die ihm widrig waren, in ihn drang, und kam
an einem andern, wo die Regierung eines auf-
geklärten Fürſten ihn für ſein gewähltes Glück
alles hoffen ließ.

Ihm, dem edeln Salentin, wollte er ſich
entdecken, ihm wollte er offenherzig geſte-
hen, daß er keine Neigung zum geiſtlichen Stande habe, und ſich ſeiner Vermittlung bey ſeinem Oheim bedienen; ihm wollte er auch noth-

falls die Urſach ſeiner Abneigung gegen Biſchoff
Ottos Wünſche, ſeine Liebe zu der Gräfinn von
Mannsfeld entdecken. Salentin liebte ja ſelbſt,
wie er einſt erlauſcht hatte, er ſuchte ja ſelbſt
um Liebe willen das Joch der Kirche vom Halſe
zu reiſſen, wie hätte er zugeben ſollen, daß ein
andrer Liebender, der bey ihm Zuflucht ſuchte,
in die heiligen Feſſeln gezwungen würde die er
ſelbſt abzuſchütteln im Begriff war?

Um in ſeinem Geſuch beym Churfürſten von
Kölln deſto ſicherer zu gehen, hielt Gebhard für
gut, deſſelben nicht eher zu gedenken, bis er ſich
ſeiner ganzen Vorliebe verſichert, und ſich ſo feſt
in ſeine Gunſt geſetzt hätte, daß er nicht fürch=
ten dürfte, eine Fehlbitte zu thun; eine Sache,
die, wie er bald merkte, hier anders als bey dem
Biſchoff von Augſpurg angeſangen werden müßte.

Der Churfürſt ſah es gern, daß der jun=
ge Menſch, der eigentlich zu Erlangung
mehrerer Feſtigkeit in Glaubensſachen unter ſei=
nen Schutz gegeben worden war, ſich in den
köllniſchen Klöſtern bekannt machte, er ſelbſt
empfahl ihm einen jungen Mönch, einen Herrn
von B °** der unter dem Namen des Bruders
Johann, als einer der ſtärkſten Verfechter der
Lehren ſeiner Kirche bekannt war, und freute
ſich, daß er und Gebhard ſo viel Theil an ein=
ander nahmen, daß keiner faſt ohne den andern
ſeyn konnte; aber eben ſo lieb, oder vielleicht

noch lieber war es ihm, daß er den jungen
Truchseß sehr gut im Kabinet brauchen, und ihm
Dinge unter die Hände geben konnte, die er sonst
keinem andern vertrauen durfte. Fleiß, Betrieb-
samkeit und Geschiklichkeit in solchen Dingen war
es vornehmlich, wodurch man sich am köllnischen
Hofe empfahl, nicht bloße Rechtgläubigkeit, die
überhaupt, so klagten die Anhänger der römischen Kirche, hier durch allzugroße Duldung
der Protestanten viel Anstoß nahm.

Gebhard sahe sich in seiner neuen Sphäre auf
einmal mit Geschäften überhäuft, die ihm wohl
jeden Gedanken an die Liebe, welche bey guter
Muse immer am besten gedeihen, hätte benehmen können, aber so war es nicht; Gebhard beschäftigte sich hier fleißiger mit Agnes als zu
Augspurg, weil er hier mehr Hofnung zu ihrem
künftigen Besitz zu sammeln glaubte, und schon
einen guten Anfang gemacht hatte, seinen Fürsten für seine Wünsche einzunehmen.

Herr von Truchseß, sagte Salentin einst in einer
vertraulichen Stunde, ich habe euch viel Verbindlichkeiten und ihr werdet mich nicht für so
undankbar halten, daß ich dieselben unvergolten
lassen sollte.

Mir Verbindlichkeiten? wiederholte Gebhard,
verdient der Fleiß, den ich im Dienste meines
Herrn anwende, diesen stolzen Namen?

Auch euer Fleiß, ist gut und dankenswerth,

doch zielte ich jetzt nicht auf diesen, sondern auf frühere Gefälligkeiten, die ich von euch erhielt, ehe ihr mich noch kanntet.

Wie konnte ich so glücklich seyn meinem Fürsten unwissend zu dienen?

Gebhard ich rede hier mit euch als meinem Vertrauten, ich weiß, daß ich euch aus gewissen Dingen keine Heimlichkeit zu machen brauche; euch ist bekannt, warum ich diesen Purpur abzulegen gesonnen bin, ihr wißt, ich liebe, aber kennt ihr auch den Namen meiner künftigen Gemahlin?

Wie sollte ich?

Habt ihr den Namen der Gräfin von Aremberg vergessen?

Sidonie? Die Gräfin von Aremberg? Himmel, sollte es möglich seyn?

O Gebhard, ich habe es noch nicht vergessen, daß zu der Zeit, da mir fast keine Hofnung lachte, ihr es waret, der durch Erleichterung meines Briefwechsels mit meiner Sidonien, mir unbekannter Weise Dienste leistetet. Ich habe es euch nicht vergessen, daß ihr mir halft ein Herz völlig zu erobern, welches in diesem geistlichen Kleide, in der gewöhnten Unmöglichkeit es abzulegen, und in tausend schwarzen Bildern von der Zukunft immer Vorwand fand, sich mir nicht ganz zu ergeben.

Und das alles hätte ich gethan?

Ja, eben ihr! Ihr unterwieset meine schöne Schwärmerin in Dingen, die, ich halte nun von ihrem eigentlichen Werth was ich wolle, ich doch immer schätzen werde, weil sie zu meinem Glück beytrugen. Die Gräfin von Aremberg, von euch gelehrt, glaubt, Blicke in die Zukunft gethan zu haben, die sie der Erfüllung unserer Wünsche gewiß machen. Ich, ohne an eure astrologischen Träume zu glauben, treibe, seit Sidonie Muth faßt, unsere Angelegenheiten eifriger, und ich denke, ich stehe auf dem Punkte sie durchzusetzen.

Gebhard schwieg mit einer Art von Beschämung still; es war als säh er es ungern, daß sein Unfug mit den Sternen vor so erleuchtete Augen gekommen war. Die Klosterluft ist solchen Schwärmereyen am günstigsten, seit Gebhard diese nicht mehr athmete, seit er sahe, daß das geweissagte Glück ihm nicht, so wie er anfangs gehoft hatte, entgegen flog, seitdem glaubte er weniger an den Werth seiner astrologischen Entdeckungen, und selbst das Unterpfand seines Glücks, die geheimnißvollen Wurzeln, die er anfangs, wie ihn ein abergläubischer Mönch gelehrt hatte, täglich in Wein zu baden, und sorgfältig zu pflegen gewohnt war, wurden jetzt in einer Woche kaum einmal aus der verschlossenen Truhe genommen.

Salentin sah Gebhards Verwirrung und wußte

sie zu deuten. Herr von Truchseß, sagte er
lächelnd, ihr braucht euch vor mir nicht zu schä=
men, jeder Mensch ist wenigstens einmal in sei=
nem Leben ein Thor, ich traue euch zu, daß ihr
jetzt nicht mehr an die Träumereyen des spani=
schen Mönches glaubt, ihr habt sie genutzt eine
Dame zu amüsiren die ich liebe, und ich bin
euch dafür verbunden, ihr habt vielleicht einige
Hofnungen für eure eigene Liebe drauf gebaut,
und ich will diese Hofnungen erfüllen. Agnes
von Mannsfeld soll die Eurige seyn, so bald ich
mit Sidonien glücklich bin; was den Fürstenhut
anbelangt, den ihr für euch ebenfalls in den
Sternen gesehen haben sollt, so kann ich euch
freylich nicht damit dienen, laßt ihn fahren, ihr
seht wohl, daß dies ein höflicher Spott war,
den die Planeten mit euch trieben. Der Purpur,
ihr lernt es an meinem Beyspiel, gewährt keine
Freude, ihr seht wohl, ich muß ihn erst able=
gen, ehe ich glücklich werden kann.

Es war so viel Gutmüthigkeit, und zugleich
so viel Satyre in den Worten des Grafen von
Ysenburg, daß Gebhard nicht wußte, ob er dan=
ken oder sich entschuldigen sollte. Seine Wan=
gen glühten von hoher Schamröthe. Salentin
umarmte ihn, und hieß ihn auf sein Zimmer ge=
hen, wo er sich augenblicklich hinsetzte, um an
Agnes zu schreiben, und sie mit den nahen Hof=
nungen seines Glücks, die er auf die Gnade des

Churfürsten baute, und von denen er sich ganz berauscht fühlte, bekannt zu machen. Drey Seiten hatte Gebhard bereits mit allem zärtlichen Unsinn angefüllt, der den hoffenden so wie den verzweifelten Verliebten eigen ist, als ein Brief von eben derjenigen, mit welcher er sich jetzt beschäftigte, ihn bewog, alles unvollendet zu lassen, um zu lesen was das theure Mädchen, von welchem er so lang nichts gehört hatte, ihm meldete.

O, rief er, indem er das Siegel aufriß, mein Glück ist vollkommen, eben das Versprechen, das ich jetzt aus dem Munde meines Fürsten erhielt, hat meine Agnes, meine Geliebte, meine Braut von ihrer Freundin erhalten! Sidonie wird sich mit Salentin vereinigen uns zu verbinden. Mein Oheim wird den mächtigen Ueberredungen nachgeben, Agnes wird vom Kloster losgesprochen; meine Mutter und die Grafen von Mannsfeld willigen ein, meine Kenntnisse in Staatssachen heben mich zu irgend einem rühmlichen Posten empor, mein Vermögen ist hinlänglich, der Fürstenhut wird vergessen, und wir sind ohne ihn glücklich. Aber was ist das: Herr von Truchseß? „sehe ich recht? schreibt so die Braut an ihren Bräutigam? ward dieser Ton nicht längst unter uns verbeten? Himmel! Himmel! was das? „Euch das letzte Lebewohl zu sagen" — welch ein

Eingang! „das Schicksal fordert ewige Trennung" o nicht weiter! nicht weiter, oder ich vergehe!

Der Herr von Truchseß hatte, wie meine Leser sehen, schon von den ersten Zeilen eines Briefes genug, den wir ihnen aber doch ganz mittheilen müssen, weil er kein gemeiner Liebesbrief war, und in der Geschichte unsers Gebhards Epoche machte.

„Herr von Truchseß,

„Euch das letzte Lebewohl zu sagen, ergreife ich zitternd die Feder; Sidonie unterstützt mich, ach es ist billig, daß die Freundin mir Beystand leiste; welche, ohne es zu wollen, meinem Herzen den Todesstoß gegeben hat. —

„Ja, mein Gebhard, ach laß mich dich zum letzten, letzten mahle mit diesem theuern Namen nennen! ja, das Schicksal will unsere Trennung, denn es kann nicht wollen, daß deine Agnes dich unglücklich mache! Geh, mein Geliebter, sey glücklich auf dem Fürstenstuhle, der deiner wartet, ich darf ihn nicht mit dir theilen, ich würde das Unglück an deine Seite bringen.

„Mein Loos ist der Schleyer, ich nehme ihn gern, er wird die Thränen verdecken, die ewig um dich fliessen werden, wird meinen Mitschwestern die Miene des Grams verhelen, die meine bleichen Wangen entstellt.

„Doch nein, nichts von Gram und Thränen! Gebhard, glaube nichts von dem, was ich hier geschrieben habe, sey versichert, ich habe Muth deinem Glück auch das größte Opfer zu bringen, und ich bringe es eilig, ehe dieser Muth sinkt. Wenn du diesen Brief erhältst, so ist deine Agnes schon eine Geweihte des Herrn, an die du ohne strafbar zu werden, nie wieder mit irrdischer Liebe denken darfst.

„Geh, mein Geliebter, verfolge deine glorreiche Laufbahn, ich werde von deinem Glück und deiner Größe hören und für dich beten. Mich hoffe nie wieder zu sehen; ich habe das Kloster der Elisabethinerinnen verlassen, und in dem Augenblicke, da du dieses liesest, bereits das Gelübde in einem andern abgelegt, wo keine Nachforschungen mich finden werden."

„Agnes."

Man denke sich den Zustand eines jungen Liebhabers, der sich bereits nahe am Ziel aller seiner Wünsche glaubte, nach einem solchen Briefe. Er enthielt für ihn schreckliche Räthsel, die ihm nichts auflösen konnte, ein Brief an die Gräfin von Mannsfeld gieng augenblicklich nach dem Kloster der Elisabethinerinnen zurück, es erfolgte was er hätte vermuthen können, hätte er das Schreiben seiner Geliebten überall mit gleicher Aufmerksamkeit gelesen, sein Brief kam uneröf-

net und mit der Nachricht zurück, die junge
Novize, ungeduldig ihr Gelübde in diesem Kloster länger aufgeschoben zu sehen, habe sich in
ein anderes begeben, dessen Namen unbekannt
sey. Das Fräulein von Rietberg, durch deren
Hände die Korrespondenz der Liebenden gegangen war, versicherte zu gleicher Zeit, daß es ihr
nicht erlaubt sey, auch wenn sie den Aufenthalt
der jungen Gräfin wisse, den Herrn von Truchseß von demselben zu benachrichtigen, wenn sie
sich nicht ihrer Freundschaft gänzlich verlustig
machen wollte.

Ein Brief an die Gräfin von Aremberg hatte
das nehmliche Schicksal, Sidonie war nicht mehr
im Kloster, sie hatte die junge Prinzeßin Anna
nach Preßburg begleitet, woselbst die Krönung
des Prinzen Rudolfs zum Könige von Ungarn
viel Feyerlichkeiten nach sich zog; Feste, bey
welchen man die Tochter Ferdinands aus guten
Ursachen gegenwärtig wünschte.

Gebhard war in Verzweiflung; sein Schicksal war also unwiderruflich entschieden. Agnes
war Nonne und also auf ewig für ihn unerreichbar. Nichts konnte sein Unglück lindern, selbst
die Verwendung des Churfürsten, wenn er auch
gegenwärtig gewesen wäre, hätte hier wenig thun
können; aber sein Trost, sein Rath würde doch
wenigstens seinen unglücklichen Liebling zu stat-
ten gekommen seyn, wenn nicht eine schnelle Rei-

se in seinen eigenen Angelegenheiten, Gebharden
auch dieser Zuflucht beraubt hätte.

Er hatte schlechterdings keinen Freund, als
den schon mehrerwähnten Bruder Johann, der
es über sich nahm, durch Briefe von dem Fräulein von Rietberg irgend etwas heraus zu bringen, das für Gebharden, der jetzt wirklich krank
darnieder lag, tröstlich seyn konnte.

Es war billig, daß dieser gute Mönch irgend
etwas that, seinen Freund zu beruhigen, den
sein Umgang übrigens manches Trostes beraubt
hatte. Die geistlichen Unterhaltungen mit ihm,
die ihm bey seiner Ankunft zu Köln, von dem
Churfürsten so nachdrücklich empfohlen worden
waren, hatten nicht die Würkung auf Gebhards Glauben gehabt, die man sich versprochen
hatte. Johann von B.. sowohl als der junge
Truchseß war ein tiefsinniger Forscher der Wahrheit, ohne noch volle Gewißheit erlangt zu haben. Beyde Jünglinge verloren sich bey ihren
Unterhaltungen oft in Labyrinthen, deren Ende
sie nicht sahen, sie hoften auf Licht, aber wie
trostlos der Zustand einer solchen, immer uner-
füllten Hofnung ist, wird jedem bekannt seyn.

Noch einen Trost hatte Gebhard in seinem
Umgang mit dem gelehrten Mönche verloren,
seinen Glauben an die Astrologie. Johannes
hellere Einsichten zernichteten das ganze Luftge-
bäude, das der Schwärmer Marianus im spa=

nifchen Auguftinerflofter aufgerichtet hatte. Geb=
hard dankte feinem Freunde in feinen ftärkern
Stunden die Befreyung vom Aberglauben, aber
jetzt war er schwach, schwach durch Liebe und
Kummer, und es war ihm oft, als wünschte er
Zuflucht bey den Sternen suchen, und in ihnen
Hofnung auf beffere Zeiten lefen zu können; er
verfuchte fogar einft, insgeheim das wieder zu=
fammen zu fetzen, was er einft zu Alkala zer=
nichtete, fahe von neuem fich durch Agnes Hand
und den Fürftenhut beglückt, fahe noch mehr,
wußte nicht was er glauben follte, verfchloß die
Augen, und war wieder fo unglücklich als vorher.

In diefen trüben trauervollen Tagen war es,
da ein Entfchluß zur Reife kam, den er fo rafch
wie immer ausführte, der Entfchluß, fich ganz
der Kirche zu weihen, da nach Agnes Klofter=
gelübde doch nun kein Glück für ihn in der
Welt zu hoffen war. Sein Vertrauter, der
ihm durch den Briefwechfel mit der jungen Freun=
din, der Gräfin von Mannsfeld, wenig Beru=
higung hatte verfchaffen können, billigte feinen
Entfchluß, weil er meynte, nichts fey dem For=
fcher der Wahrheit günftiger, als die Abgefchie=
denheit von der Welt, die der wahre Geiftliche
in feinem Stande findet; Gebhard könne fich
durch unabläßiges Studiren für unglückliche Lie=
be tröften, und Gewißheit in den wichtigften Ge=
genftänden des menfchlichen Wiffens, die dem,

der sie emsig sucht, doch endlich zu Theil werden
müsse, könne alles Glück aufwiegen, das er in
der Welt verlassen habe; ein Urtheil, das dem
Herzen desjenigen, der es fällte, Ehre machte,
aber nur durch Gebhards Beyspiel in der
Folge nicht gerechtfertigt ward.

Der Bischof von Augsburg erhielt schnell Nachricht von dem lang herbeygesehnten Entschlusse
seines Neffen, sich nun ganz dem geistlichen
Stande zu widmen, und so wie der bisherige
Aufschub desselben, in den Augen Ottos, stillschweigendes Bekenntniß seines mangelhaften
Glaubens gewesen war, so hielt er die Nachricht, die er nun bekam, für Gewißheit des
Gegentheils.

Weder Alter noch Schwachheit konnten den
guten Greis abhalten, zu seinem kranken Neffen zu fliegen, und durch seine Gegenwart das
zu beschleunigen, was er für das höchste Glück
hielt, das ihm noch diesseits des Grabes begegnen konnte. Gebhards Eintritt in eine Laufbahn, die ihm seine mächtigen Gönner, Otto
und Salentin, so glänzend und glorreich machen
konnten.

Bischof Otto hatte vielleicht bey der Eil, mit
welcher er herbeykam, seinen Neffen beym Worte
zu nehmen, auch ein wenig Furcht zum Bewe-
gungsgrunde, sein heiliger Entschluß könne wan-
ken, wenn er nicht plötzlich ausgeführt werde,

und in der That, er hatte hierin nicht ganz un=
recht: Selbst zu der Zeit, da Gebhard glaubte,
sich schon völlig von der Welt losgerissen zu ha=
ben, lebte Agnes noch in seinem Herzen; er
verzieh sich das Andenken an sie und beredete
sich, er habe ja an nichts gedacht, als an die
Unmöglichkeit, sie zu besitzen, aber wenn er die=
se, seinem Gedanken nach, höchst erlaubte Be=
schäftigung recht beym Lichte besah, so fand sichs,
daß er sich nicht eigentlich dieses lebhaft vorge=
stellt hatte, daß Agnes für ihn verloren sey;
nein das Warum versetzte ihn in unendliche
Grübeleyen. Er konnte sich die Ursach nicht
denken, warum ihn Agnes eigentlich verlassen
habe, er fing von neuem an zu forschen, und
wagte endlich noch einen Brief an die Gräfin
von Aremberg, der beßres Glück hatte als der
erste. Er fand sie zu Presburg und ward be=
antwortet.

Doch es wird nöthig seyn, den Lesern Brief
und Antwort mitzutheilen, und sie werden es
uns gern verzeihen, daß es nur im Auszuge ge=
schieht, denn zu den damaligen Zeiten war schon
der gewöhnliche Briefstiel so weitläuftig und ge=
dehnt, daß vollends die Sendschreiben, welche
zwischen einem halben Mönche und einer gelehr=
ten Dame gewechselt wurden, für unsere Tage
wohl ganz ungenießbar seyn möchten.

Gebhard schrieb ohngefähr wie folgt:

„Von Euch, Gräfin, fordre ich Auskunft, über den wichtigsten Zweifel meines Lebens."

„Ihr habt der Gräfinn von Mannsfeld bey Abfassung des schrecklichen Briefs beygestanden, der mich an den Rand der Verzweiflung geführt hat, sie selbst gesteht mir in demselben, daß ihr es waret, die ihre zitternde Hand unterstützte, ach, und sie setzt hinzu, daß eben die Freundin, die ihr diesen (für meine Wünsche wahrhaftig ganz unnöthigen) Beystand leistete, eben diejenige war, die ihr — es sind ihre eigenen Worte — den Dolch in den Busen stieß." —

„Welchen Dolch, Sidonie? vielleicht eben den, der das Band unserer Liebe zerschnitt? Und dies war Euer Werk? ihr, von welcher ich ganz das Gegentheil hoffte? — Gräfin, ich kenne euer ganzes Verhältniß mit dem Grafen von Isenburg, ich habe euch in eurer Liebe unwissend gedient, Gott weiß, ich hätte es auch wissend gethan. Was ich that, verspricht mir euer erhabener Geliebter, auf die wirksamste Art zu danken, und ihr — ihr wußtet keinen andern Dank, als meiner Agnes den Dolch in den Busen zu stoßen, und mich mit ihr zu tödten? — Redet, ist der Todesstreich unheilbar, so will ich wenigstens wissen, wie er geschah. — Verzeihet, Gräfin, ich vergesse vielleicht die Achtung, die ich Euch schuldig bin, aber ich bin außer mir, kenne in dem gegenwärtigen Augenblick keine Achtung,

als gegen mein eigenes Glück, das jetzt auf
dem Punkte steht, durch einen unwiderruflichen
Schritt auch von m e i n e r Seite vollends unheilbar zertrümmert zu werden. Noch einmal:
Redet! Alles ist mir Räthsel in Agnesens Briefe,
und diese Räthsel will ich von Euch gelößt
wissen; schnell gelößt wissen; jetzt wäre es vielleicht noch möglich, zurückzunehmen, was schon
fest beschlossen ist!"

Sidoniens Antwort:

„Freylich setzet ihr die Achtung, die ich von
Euch fordern kann, in eurem seltsamen Schreiben
gewaltig aus den Augen, doch einen Menschen,
der ausser sich ist, kann man viel verzeihen. Hier also die Antwort auf Eure Frage."

„Der, welcher Euch den Todesstreich versetzte,
waret im Grunde ihr selbst; ihr gabt mir die
Waffen zu demselben in die Hand. Ja, ich bin,
wenn man es so nehmen will, diejenige, welche
Euch von Eurer Agnes trennte, aber Gott weiß,
daß ich es unvorhergesehen, unwissend that, daß
ich bey dem unglücklichen Ausschlag einer Sache,
die ich auf i h r Bitten zu i h r e r Beruhigung
unternahm, so viel litt, als sie selbst!"

„Armer Gebhard! ich zürne nicht mehr, ich
bemitleide euch! Euer Schicksal ist unwiderruflich! Wollt ihr glücklich seyn, so kann Agnes
nicht die Eurige werden, und noch mehr, sie

will es nicht! Klaget hierüber niemand an, als
die Sterne! und suchet in der Hofnung auf nahe
Größe, Trost für unwiderbringlich verlorne Liebe! Unwiderbringlich verloren, Gebhard! ich
wiederhole es euch, und versteht ihr, unter dem
Schritte, den ihr zu thun im Begriffe steht,
Annahme des geistlichen Standes, so thut ihr
eilig; nicht zu viel Hinderniße können zwischen
Euch und Agnes gelegt werden, um Euer bey-
derseitiges Unglück, das in Eurer Vereinigung
besteht, zu verhüten."

„Möchte ich doch im Stande seyn, euch das
verlorne nur auf einige Art zu vergüten! nur
daß ihr nicht mehr sagtet! ich Unschuldige sey
diejenige, die Euch den Todesstreich gegeben
hätte. Möchtet ihr doch einst in dem Glanze,
den Fürstenhoheit giebt, die verlornen Freuden
der Liebe vergessen!"

„Rechnet auf mich! kann ich bey dem, was
Euch das Schicksal nun bald bestimmt, hülfreiche
Hand anlegen, (und ihr wisset wohl, daß das
Schicksal Menschenhände, bey Schwingung seiner geheimen Triebräder zu brauchen weiß,) so
werde ich nicht säumen! — Die Sterne haben
mir mehr vertraut, als Euch. Ich kenne den
Fürstenstuhl, auf welchem ihr zu sitzen bestimmt
seyd, ich sehe die Möglichkeit dazu, sehe auch
die Mittel. Noch einmal: Rechnet auf

Sidonien."

Gebhard verstand von diesem räthselhaften
Briefe so wenig, als unsere Leser, er diente zu
nichts, als ihn einige Stufen tiefer in den Abgrund der Verzweiflung zu senken, und da an
dem nehmlichen Tage, da er ihn erhalten hatte,
auch der Bischof von Augsburg eintraf, so fand
er seinen Neffen so willig, sich von nun an aus-
schliessend der Kirche zu weihen, daß weder
Ueberredungen noch weitläuftige Anstalten nöthig
waren, sein Gelübde fest zu machen, und er
schnell das ward, wozu ihn der Bischof gern gleich,
in den ersten Tagen seines Aufenthalts zu Augsburg, gemacht hätte.

Dieses war der Weg, auf welchem ihn sein
zärtlicher Oheim, wie im Fluge, empor heben
konnte, wir verlassen ihn auf demselben, und besuchen, indessen er von Stufe zu Stufe empor-
steigt, die Gräfin von Mannsfeld, ob wir vielleicht bey ihr Auflösung der Räthsel finden möchten, die dem unglücklichen Gebhard erst so spät
klar wurden.

Der Ort, wo wir die junge Agnes zuletzt sahen, war das Kloster, die Zeit, der Abschieds-
tag von ihrem Gebhard.

Nie haben sich zwo gute Seelen inniger geliebt, als diese beyden, und nie ist also auch
Trennung so tief, so schmerzhaft gefühlt worden,

als beyde, als vornehmlich die Gräfin von
Mannsfeld sie fühlte. Gebhard fand Trost in
seinen Geschäften und in seinen Hofnungen, —
Agnes? — was hat eine Nonne viel von diesen
beyden letzten Heilmitteln wider den Kummer!

Das traurige Novizenkleid, das Unterpfand
von noch viel schwereren Banden, die sie einst
fesseln mußten! — So oft sie es ansah, quollen Thränen aus ihren Augen, und jede Aussicht auf die Zukunft verdunkelte sich ihr. Dachte
sie denn an Gebhard, an seinen Oheim, an den
Stand, den er ihm wahrscheinlich bestimmte, an
die Folgen, welche Widerspenstigkeit, an die
Schwierigkeiten, die ihre Verbindung auf allen
Seiten heben mußte, so sank ihr vollends der
Muth. Nein! nein! rief sie mit gerungenen
Händen, ich werde nie die Seinige werden!
Nein! nein! alle seine Hofnungen und Möglich-
keiten trügen! Wie kann er mich, wie kann er
sich selbst, bey allem, was unserer Liebe entgegen ist, so hartnäckig täuschen! o er fühlt nicht,
was ich fühle, sonst würde er mehr fürchten,
weniger hoffen!

Die Kämpfe, welche die arme Agnes kämpfte,
hatte die Gräfin von Aremberg, ihre Freundin,
vor ihr bestanden, und — sie hatte gesiegt, wie
keine liebende Seele gern zu siegen wünscht, durch
Unterjochung ihrer Leidenschaft, nein, durch neu,

gewonnene Hofnung, deren Ursprung niemand kannte, als sie selbst.

Ihr Verhältniß mit dem geliebten Salentin war das nehmliche, nein, war noch bedenklicher, als das, welches zwischen Gebharden und der Gräfinn von Mannsfeld statt fand. Gebhard war noch nicht so fest gebunden, wie der Graf von Ysenburg.

Ein geistlicher Fürst und lieben? eine Person lieben, die zu hoch, zu tugendhaft ist, um heimliche, gesetzlose Liebe zu begünstigen? — Was ließ sich hier für Glück erwarten? — Sidonie hätte ihren Geliebten hassen können, wenn er nur einen unrechtmäßigen Gedanken in Rücksicht auf sie gehegt hätte, gleichwohl was war für Hofnung, daß rechtmäßige je von der Welt gebilligt werden würden? Die Kirche hatte die ersten und ältesten Rechte auf Salentin, sie ist keine Braut, die sich nicht so leicht den Scheidebrief geben läßt.

Gebhard konnte kühnlicher an Agnes denken; er stand nur noch am Eingange des Tempels, aus welchem man nicht in die Welt zurückkehren darf, Agnesens Gelübde waren noch nicht so fest, daß sie nicht durch Dispensation hätten gelößt werden können, er für seine Person hatte nichts aufzuopfern, als allenfalls die Gunst seines Oheims; Salentin hingegen? — Ein Fürstenthum? —

solche Opfer werden selten auf dem Altare der Liebe gebracht.

Und diesem allem ohngeachtet, erschien Sidonie, die nichts weniger als leichtsinnig und unüberlegt, in dem wichtigsten Geschäft ihres Lebens, zu Werke ging, Sidonie, deren tiefer Kummer bisher durch keine Weltfreude zu zerstreuen, durch keine von ihrer natürlichen Munterkeit geborgte Schminke zu verstecken gewesen war, bennoch erschien sie auf einmal unter ihren Klosterfreundinnen, mit einer Heiterkeit, welche ihre Reitze bis zum Blendenden erhöhte, und die nicht etwa ein oder zwey Tage dauerte, nein, die zum herrschenden Charakter bey ihr geworden zu seyn schien.

Sidoniens edles freundschaftliches Herz, das jedermann wohl wollte, kettete sich während ihres Aufenthalts bey den Elisabethinerinnen, besonders an drey junge Personen, welche immer um sie waren, und die, weil sie unter ihnen allen die ältere war, mit der Freundschaft zu ihr eine gewisse Ehrfurcht verbanden, die ihr gegen eine wie die andere, einen gleich vertraulichen Ton verstattete.

Im Kloster ist die Gleichheit der Stände größer als in der Welt, die Einsamkeit macht, daß man sich einander mehr nähert. Der Mangel an abändernden Gegenständen bringt Beständigkeit, man wird sich daher nicht wundern, daß das

Dreyblatt, das Sidonien fast immer umgab, aus, dem Stande nach, sehr ungleichen Personen bestand. Eine Prinzeßin, eine Gräfin und ein simples Edelfräulein, treffen an Höfen nicht leicht als vertraute Freundinnen einer dritten zusammen, die, ungeachtet sie nicht die vornehmste unter ihnen ist, doch das Band wird sie alle zu verbinden, und sich unter ihnen mit einem gewissen Ansehen behauptet. Hier war es so; wo Sidonie sich befand, da war auch die junge damals noch nicht vierzehnjährige Prinzeßin Anna, da war auch Agnes, Gräfinn von Mannsfeld, und da war auch die kleine Lucie von Rittberg. ein holdes Geschöpf von siebzehn Jahren, bey allen durch Verstand und sich immer gleichbleibende frohe Laune gleich beliebt.

Diese drey jungen Personen waren diejenigen, welchen, vermittelst des genauern Umgangs, die ganz geänderte Laune der Gräfin von Aremberg zuerst in die Augen fallen mußte; sie freuten sich derselben, aber sie waren klug genug, auf eine besondere Ursach ihres Frohsinns zu schließen, und neugierig genug, um auf die Entdeckung derselben ihren ganzen Sinn zu setzen. Einige Data hatte man schon durch Luciens Hülfe; und zu den übrigen sollte sie gleichfalls beförderlich seyn. Ihr war von den beyden andern das große Wort übertragen, und sie begann einst in ihrer Gegenwart wie folgt!

So heiter, liebe Gräfin? darf ich rathen, was Euch heute so blendend schön macht?

Rathe, meine Lucie.

Ein Brief von einem der uns allen bekannt ist?

Gefehlt! du weißt wohl, daß mich diese sonst eher trauriger zu machen pflegten.

Gleichwohl sahe man euch, wenn man euch in eurem Zimmer beschlich, immer unter Papieren begraben. — Zwar dies ist nicht erst seit heut und gestern, mich dünkt, das Unwesen, das uns Eure Gesellschaft so oft entzog, hat schon seit Monaten gedaurt.

Und doch soll dieses Unwesen die Ursach meiner Heiterkeit seyn? — Lucie, du weißt nicht, was du sprichst!

Ihr seyd, seitdem der Herr von Truchseß hier im Kloster aus und einging, mächtig gelehrt geworden!

Gelehrsamkeit, Lucie, ist sonst nicht das Mittel, die Stirn eines Weibes aufzuheitern, du bist also hier abermals auf der falschen Spur.

Eure Gelehtsamkeit, liebe Sidonie, hat wenigstens meine Stirn einst sehr aufgeheitert, ihr habt da so gewisse Rechnungen, da könnt ihr Einem sein Glück ausrechnen, und da fragtet ihr mich einst: Lucie, zu welcher Stunde und an welchem Tage bist du gebohren? in welchem Zeichen stand die Sonne, welcher Planet hatte bey deiner Geburt das Regiment! Dinge, die ich, von meiner Amme gelehrt, nun so ziemlich wußte, und da —

Nun weiter.

. Und da machtet ihr aus diesen Dingen eine Kette von Berechnungen und Schlüssen, die mir mein Glück weissagten. Lucie, sagtet ihr, traure nicht, du wirst nicht ewig ein Klosterfräulein bleiben, es geht etwas vor, das dir ein Weltglück verspricht, und sehet nicht acht Tage vergiengen, so machte mich das Testament eines guten Oheims, den ich nicht kannte, zur reichen Erbin, und ich kann nun die lieben Elisabethinerinnen verlassen, sobald ich mündig bin.

Du denkst also etwa, ich habe mir auch etwas von einem Testament, und von einem guten Oheim ausgerechnet, das mich so fröhlich macht?

Das nun wohl nicht; euch zu erfreuen, möchten wohl andre Dinge nöthig seyn. aber gerechnet habt ihr, und ich wette für Euch, und ich wette gute glückliche Dinge, und diese wollt ihr uns vorenthalten? — O redet, liebe Sidonie, daß wir uns mit euch freuen!

Rede, rede, liebe Sidonie, riefen die beyden andern, und schlossen sie in ihre Arme, daß wir uns mit dir freuen!

Der Gräfin von Aremberg traten die Thränen in die Augen über die zärtliche Theilnehmung, welche sie bey ihren Freundinnen, von der höchsten bis zu der niedrigsten, fand, und es war ihr unmöglich, etwas vor denen zu ver-

ſchweigen, denen ſie bereits ſo viel von ihren Angelegenheiten entdeckt hatte.

Ja, rief ſie, ich habe die heilige, große, ge-
heimnißvolle Kunſt, die Gebhard mich lehrte, verſucht, ſie für mich verſucht, wie ich ſie zuerſt
für Lucien verſuchte; mit Zittern that ich es,
aber mit Freude bin ich belohnt, hört mit wenig Worten, was ich erfuhr: Die Wolken, welche mein Schickſal umhüllen, werden ſich zer-
ſtreuen. Salentin liebt mich genug, mir alles
aufzuopfern, und man wird ſein Opfer annehmen. Die Kirche löſt ſeine Bande, und über-
läßt ihn meinen Armen; wir werden hingehen
in irgend eine ſelige Einſamkeit, und glücklicher
ſeyn, als auf dem Fürſtenthrone. Man wird
Salentin die Ablegung des heiligen Purpurs
nicht zur Sünde rechnen, man weiß nicht, daß
Liebe ihm denſelben zuwider macht; man glaubt
nicht dieſe ſüßeſte edelſte uneigennützigſte aller
Leidenſchaften, nein, Sorge für die Dauer des
Namens, den er führt, und Rückſicht auf einige weltliche Vortheile, regieren ſeine Entſchlüſſe,
man verzeiht ihm dieſes gern; edlere Bewe-
gungsgründe würde man ihm nicht verzeihen. —
O Salentin, nach dem, was ich in meinem
Herzen fühle, iſt das Opfer nicht groß, daß du
mir bringen wirſt, und doch, woher dieſe grän-
zenloſe Dankbarkeit für das, was du thateſt?
mir iſts, als hätteſt du nicht dein, nur mein

Glück zur Absicht gehabt, als könnte ich nimmer, nimmer vergelten, was ich an deiner
Stelle, dir, ach wie gern, geopfert haben
würde.

Sidonie fühlte, wie wahre unschuldsvolle Liebe
zu fühlen pflegt. Thränen standen in ihren schönen Augen, da sie sprach, und lockten aus den
Augen ihrer jungen Zuhörerinnen Zeugen ähn-
licher Empfindungen hervor. Alle seufzten, alle
dachten das ihrige, und Anna, die jüngste und
offenherzigste unter den Mädchen, äußerte ihre
Gedanken am unverholensten. —

Ich möchte wohl wissen, sagte sie mit halb
traurigem Ton, ob ich auch einst lieben werde,
wie Sidonie liebt?

Und was hindert Euch, liebe Prinzeßin, rief
die muntere Lucie, was hindert Euch, unsre
Prophetin um Euer Schicksal zu fragen, auch
ich finde in dem meinigen noch einige Dunkel-
heiten, die ich gern aufgeklärt säh; wenn die
Gräfin es übernähm, sich noch einmal mit den
Sternen darüber zu besprechen.

Sidonie war jetzt auf der Laune, keine Bitte
abzuschlagen. Die Prinzeßin hing sich an ihren
Hals, und wiederholte Luciens Bitte, beyde
wurden noch über einige nöthige Punkte befragt,
und auf eine bestimmte Zeit hingewiesen; aber
Agnes war zu zaghaft, eine ähnliche Forderung
zu thun, ob sie gleich fühlte, daß übernatürl-

cher Trost ihr nöthiger sey, als einer ihrer Ge=
spielinnen. Aber, als nach Verfluß der ange=
setzten Tage, die Prinzeßin sowohl als das Fräulein von Rietberg von der schönen Sterndeute=
rinn einen Bescheid bekamen, wie ihn nur die
süßesten Erwartungen der einen und der andern
hätten entwerfen können, da wuchs ihr Muth,
und sie beschloß, Forderungen an ihre Freundin
zu thun, die ihr zu ihrem Unglücke nicht abge=
schlagen wurden.

Ihr alle seyd also glücklich, sagte sie eines
Tages, da sie mit der jungen Astrologin auf
dem einsamen Zimmer, mitten unter ihren ge=
heimnißvollen Geräthschaften, saß. Lucie sieht
dem Tage entgegen, da sie den kennen lernen
soll, den ihr die Sterne ganz als denjenigen
schildern, der ihre gute fromme Seele glücklich
machen kann. Die Prinzeßin erwartet Kron
und Thron, dein Ausspruch setzt ihr den edelsten
Prinzen unsrer Zeit an die Seite, und macht
sie zur doppelt gekrönten Fürstin; und ich? —
was habe ich als die Verzweiflung? — Jede
Aussicht ist für mich mit dichtem Flor umhan=
gen; und Sidonie kann ihre Freundin ungerührt
leiden sehen?

Agnes, rief die Gräfin, was forderst du von
mir?

Was du den andern gewährtest.

Wozu sie mich aufforderten.

Und was ich auch dir unaufgefordert nicht
gewähren kann. Eine der Regeln unserer Kunst
ist, sich niemand anzubieten. Warum sprachst
du nicht, als neulich jene andern sprachen?

Ach, ich weiß nicht wie es kommt, mein Herz
ist voll der heißesten Wünsche, endlich einen
Ausgang aus meinen Labyrinthen zu sehen; Si=
donie, du kennst meine Lage! Ich möchte wohl
so glücklich seyn wie du, glücklich, wenigstens
durch Hofnung, und doch — —

Fasse Muth, Geliebte, was du empfindst,
empfand auch ich. Lucie und die Prinzeßin sind
noch zu jung, haben noch keinen bestimmten
Wunsch für ihr künftiges Leben gefaßt, alles,
was ihnen das Schicksal bot, konnte ihnen will=
kommen seyn, daher die Kühnheit, mit welcher
sie es wagten, hinter den Vorhang zu schauen,
dessen Enthüllung uns beyden ein Grauen mach=
te. — Doch noch einmal, fasse Muth, ich ha=
be, wie du, gezittert, und bin nun so glücklich,
so glücklich durch selige Hofnung! — auch du
wirst es seyn; vertraue dich mir ganz, und un=
ter deinen Augen will ich anfangen zu arbeiten.
Es ist Wonne des Himmels, den werdenden
Tag in den Tiefen des Schicksals zu sehen, man
schmeckt sein Glück bey Tropfen, und darum
desto vollkommner. Du bist mir zu lieb, daß
ich dir diesen süßen Genuß entziehen sollte.
Diese Nacht, wenn alles im Kloster zur Ruhe

ift, komm auf dieſes Zimmer; du ſollſt alles zu
unſerer Arbeit bereitet finden, und ich will dich
gleichſam bey der Hand, durch all die Wege
führen, die du in Zukunft betreten wirſt. Dun=
kelheiten bleiben überall, auch dem geübteſten zu=
rück, wie vielmehr mir, der Anfängerin, und
dir, die nie einen Blick in die heiligen Geheim=
niſſe that; alſo vor allen Dingen Gebuld und
Ausharren, der Erfolg lohnt die Mühe.

Agnes ermangelte nicht, dieſe Nacht der Ein=
ladung ihrer Freundin zu folgen; man verſchloß
die Thüren, löſchte die überflüßigen Kerzen aus,
unterſuchte vom Altan den Stand der Geſtirne,
und ſetzte ſich denn zuſammen, die einleitenden
Schritte zu einer Arbeit zu thun, die wir nie
geübt haben, und deren Behandlung wir alſo
auch nicht beſchreiben können.

Die Damen arbeiteten die ganze Nacht, ohne
einen Schimmer von Licht zu ſehen. Sidonie
ſagte, dies ſey im Anfang etwas gewöhnliches,
und entließ am Morgen die unzufriedene Gräfin
von Mannsfeld mit einem Kuße, und der Hin=
weiſung auf Gebuld und Beharrlichkeit.

Die nächſte Nacht brachte ein Gewühl ver=
worrener Bilder zum Vorſchein, bey welchem der
ungeweihten Schülerin die Gedanken vergingen,
und die nur die geübtere Hand Sidoniens zu
ordnen wußte. Die dritte Nacht lernte man
nur allzudeutlich ſehen, aber was man erblickte,

war so wenig tröstend für die arme Agnes, daß
sie gern die Augen hätte verschliessen mögen, hätte ihr die Gräfin von Aremberg nicht gesagt,
daß nun zurückzugehen unmöglich oder wenigstens höchst gefährlich sey. Die vierte Nacht
brachte endlich ein Prognosticon zu stande, welche die Geliebte des unglücklichen Gebhards in
Verzweiflung stürzte. Sidonie zitterte, als sie
ihr das Urtheil sprach, sie bemühte sich, es in
wenig Worte zusammen zu drängen, aber sie
that damit nichts, als sein Gewicht zu erschweren.

Ja, rief sie mit gedämpfter Stimme, ihr seyd
für einander bestimmt, aber wie es scheint,
eins zum Unglück des andern. Gebhard und
du tragen den Fürstenhut, und schleppen zugleich
die Ketten des Elends. O Trennung, Trennung, daß diese möglich wäre, damit ihr nur
nicht beyde zugleich, nur nicht eins durch das
andere littet! Gebhards Gemahlin netzt ihren
Purpur mit nie versiegenden Thränen. Agnesens Gemahl ist an den ehernen Wagen des Unglücks geschmiedet, bis an seinen Tod. Die Gestirne sprechen hier dunkel; ich kann nicht genau
unterscheiden, ob der, den dir das Schicksal zugesellt, schlechterdings Gebhard seyn soll und
muß, aber so viel ist gewiß, du bringst deinem
Bräutigam dauerndes Elend zur Morgengabe.

O, lieber sterben will ich, schrie Agnes, als
den, den ich liebe, durch meine Hand unglück-

lich machen; ich wähle den Schleyer! durch die
festesten Gelübde will ich mich binden, damit nur
nie verblendete Liebe die Oberhand über die Entschlüsse der Klugheit gewinne. Führe mich zum
Altar, Sidonie! führe mich hin in dieser Stunde, damit ich die quälende Möglichkeit vergesse,
Gebhard könne einst durch mich unglücklich seyn.
Er erfahre nie das Opfer, das ich ihm bringe,
bis es zu spät ist, es zu hindern, und die Ursach
desselben erfahre er nie; das Urtheil, daß das
Schicksal über mich fällt, ist zu demüthigend!
Himmel, Himmel! was habe ich verbrochen, daß
der, den ich liebe, den Tod in meinen Armen
finden soll?

Während die unglückliche Agnes ihre Verzweiflung auf eine Art äußerte, deren man ihre
sanfte Seele nie hätte fähig halten sollen, stand
Sidonie in tiefen Nachdenken verloren. Laß
uns nichts übereilen, sprach sie nach einer langen Pause, indem sie die Hand ihrer Freundin
liebreich an ihren Busen zog; ich übersehe das
Ganze noch einmal, übersehe es für mich, ob
ich vielleicht einigen Trost für meine Agnes finden möchte.

Ach, schrie die Gräfin von Mannsfeld, du
wirst mich hintergehen, du wirst mir mit Hofnungen schmeicheln, die mir das Schicksal versagt, und ich werde dadurch nur doppelt unglüklich seyn!

Aber Sidonie hinterging ihre Freundin nicht, sie hatte in der That bey ihrem nochmaligen Forschen, genauere Aufschlüsse über Gebhards und Agnesens Schicksal, aber keinen Trost gefunden, sie bekannte es ihr zur bestimmten Zeit mit trauriger Miene, sie billigte ihre Entschlüsse, sich auf ewig von ihrem Geliebten zu trennen, und fand die Mittel, die diese dazu brauchen wollte, vor der Hand tauglich.

In dieser Stunde war es, da jener Brief zu Stande kam, der Gebharden so unglücklich machte, und über welchen wir unsern Lesern nun allen Aufschluß gegeben haben, der in einer so verworrenen Sache möglich war.

Die Prinzeßin und Lucie erfuhren von dem Schicksal ihrer gemeinschaftlichen Freundin so viel, als man ihnen nicht verhehlen konnte, und verbanden sich, zur Lindrung oder Abkehrung desselben alles beyzutragen, was in ihrem Vermögen war. Gelegenheit, dieses auf sehr würksame Art zu thun, fand sich für die Prinzeßin sehr bald, und glücklich wären die Liebenden gewesen, wenn die Plane, die sie mit Sidonien gemeinschaftlich zu machen begann, gelungen waren, glücklich durch Trennung, da so wenig

Anschein war, daß sie es jemals durch ihre
Vereinigung werden könnten.

Sidonie hatte nach reifem Nachdenken gefun=
den, daß Agnes durch das Klostergelübde, bey
weitem nicht hinlänglich vor der Gefahr zu ihrem
Unglück, mit Gebhard verbunden zu werden,
gesichert wäre, und sie dachte es auf alle Art zu
hindern, daß sie nicht den Schleyer nehme. Die
Hand eines andern Gemahls und weite Entfer=
nung von ihrem Vaterlande, konnte die nöthige
Trennung, so meynte sie, glücklicher bewirken.

Die Prinzeßin Anna ward um die selbige
Zeit nach Hofe erbeten, wo man hofte, einen
der kaiserlichen Prinzen, durch ihren Besitz,
glücklich zu machen, und Agnes mußte sich ent=
schließen, so wollte es das zärtliche Eindringen
ihrer Freundinnen, Gewalt möchte man es fast
nennen, — sie mußte sich entschliessen, sagen
wir, ihr nach Presburg zu folgen, wo sie sich
auch würklich zu der Zeit, da Gebhard sie im
Kloster glaubte, noch aufhielt; ein unschuldiger
Betrug, der für ihren Liebhaber keine Aenderung
machte. Ihrer festgefaßten Meynung und dem
Rath ihrer Freundinnen zufolge, war sie in der
Welt so gewiß für ihn verloren, als unter dem
Schleyer.

Die Erscheinung der jungen Damen zu Pres=
burg machte in der dasigen gallanten Welt
Epoche. Die junge Prinzeßin Anna, welche hier

die Hauptperson vorstellte, war schön, die Grä=
fin von Aremberg noch schöner, aber unsere
Agnes? — Wir können dem Leser nicht , be=
greiflich machen, wie schön sie war, als wenn
wir ihm sagen, daß jedermann, der die damali=
ge Krone aller Schönheiten, die junge Königin
Maria von Schottland, persönlich oder im Bilde
gesehen hatte, die treffendste Aehnlichkeit zwischen
ihr und der reizenden Gräfin von Mannsfeld
finden wollte; ein Umstand, dessen Richtigkeit sich
aus verschiedenen der folgenden Begebenheiten
noch mehr bestätigen wird.

Das Aufsehen, welches die bescheidne Agnes
hier erregte, diente ihr nur dazu, sich noch mehr zu=
rückzuziehen; nur einer war in der Welt, dem sie zu
gefallen wünschte, dieser war für sie verloren, und
die Bewunderung, die ihr sonst auf allen Schrit=
ten entgegen kam, war ihr mehr als gleichgültig,
war ihr oft lästig. Sie begleitete die Prinzeßin
nur dann in die großen glänzenden Cirkel, wenn
sie mußte; weit lieber war ihr die Einsamkeit
ihres Zimmers, wo sie von allen, die sich um
ihre Bekanntschaft drängten, niemand sah als
ihren Vetter, den jungen Karl Truchseß, Geb=
hards Bruder, den sie noch von ihren Kinderjah=
ren schätzte, und dem sie um der Verwandschaft
willen den Zutritt nicht ganz versagen konnte.

Wir wissen aus dem Anfang dieser Geschichte,

wie dieser junge Mensch gegen sie gesinnt war; und jetzt wird es Zeit seyn, etwas mehr von ihm und seiner Liebe zu sagen. Karl Truchseß war jetzt in seinem fünf und zwanzigsten Jahre, und die Zeit, nebst dem Umgange mit der grossen Welt hatte ganz das aus ihm gemacht, was er in seinem funfzehnten, da er in die Dienste des Prinzen Mathias kam, zu werden versprach. Die Natur hatte ihn, indem sie ihm die zarte fast weibliche Schönheit seines Bruders versagte, durch die edelste Gestalt und Gesichts= züge schadlos gehalten, welche ohne hinreissend schön zu seyn, den rechtschaffenen Mann und den Helden vollkommen charakterisirten.

Die Vorzüge, die man in seinen Augen las, waren das Eigenthum seiner grossen Seele. Nichts finsteres, abergläubisches, mönchisches lag in derselben, überall herrschte hier der helle Tag der reinen Vernunft, ein Tag, der ihn aufgeklärter denken und handeln machte, als es in den damahligen Zeiten erlaubt war. Im Grunde neigte er sich sehr auf die Seite derje= nigen, welche die römische Kirche Irrlehrer nannte, da er dieses nicht so offenbar äus= sern durfte, so bekam er oft das Ansehen ei= nes Freygeists, und dieses verzieh man ihm eher als den Namen eines heimlichen Prote= stanten; überhaupt verzieh man Karl Truch=

fehſen viel, denn er war ein Held, welche von
jeher das Recht hatten, ſich ein wenig von der
allgemeinen Regel auszuſchlieſſen, war der Bu=
ſenfreund des Prinzen Mathias, dieſes durch=
gängig angebeteten Fürſten: wer hätte es wagen
ſollen, den Liebling desjenigen anzutaſten, den
jedermann liebte, jedermann die Kronen, die
ſeinem ältern Bruder winkten, und die Anwart=
ſchaft auf den kaiſerlichen Thron lieber gegönnt
hätte, als dem, dem ſie beſtimmt waren.

Weil wir hier von Gebhards edelm Bruder,
und ſeinem fürſtlichen Freunde Mathias einige
Worte geſagt haben, ſo wird es wohl gut ſeyn,
auch unſeres alten Bekannten, des Prinzen Ru=
dolfs, wieder mit einigen Worten zu gedenken.

Wir ſahen ihn zuletzt im Kloſter unter der
Aufſicht des aſtrologiſchen Marianus Schott,
und faßten vielleicht ſchon damals einige Muth=
maßungen, was er einſt werden könnte. Keinen
edlern gründlicher guten Charakter als Rudolfs
kann man ſich vielleicht denken; ſchade, daß die
Wendung, die er zu Alkala erhielt, ihn durch
finſtern Trübſinn und mönchiſche Träumereyen ſo
ſehr entſtellte, und Keime zu Argwohn und Men=
ſchenhaß entwickelte, welche vielleicht durch Um=
gang mit der Welt zu unterdrücken geweſen wä=
ren; jetzt kam dieſes Hülfsmittel zu ſpät. Kaiſer
Maximilian ſahe die wachſenden Fehler ſeines
Sohns, und dachte ſie zu heilen, aber Rudolf

lernte sich höchstens verstellen, und eine heiterere Miene annehmen, als mit seinen Gefühlen über einstimmte. Er lebte im Zirkel der Grosen, die sein Rang um ihn versammelte, weil er mußte, und kehrte immer mit Entzücken in seine Einsamkeit zurück.

Die geheimen im Kloster erlernten Künste waren dort sein Zeitvertreib, und fühlte er sich zuweilen durch die Anstrengung welche dieselben erforderten, zu sehr erschöpft, so eilte er wieder zu andern Uebungen, die er abermals mit zu viel Eifer trieb, als daß sie Zerstreuung oder Aufheiterung für ihn hätten werden können. In allem was er unternahm, Musik, Mahlerey und Mechanik, wollte er nicht nur Kenner und Liebhaber, nein, Meister seyn, und verfehlte darüber den Endzweck, warum er sich zu diesen Dingen von seiner düstern Höhe herabgelassen hatte, sein Vergnügen.

Es war zu beklagen, eine so edle Seele durch übertriebenes Streben nach Vollkommenheit so von ihrer wahren Bestimmung entfernt, so unglücklich gemacht zu sehen. Die Herzen aller derer, die ihn gern geliebt hätten, entfernten sich von ihm, und hingen sich an seinen Bruder, den muntern freyen Mathias, von welchem jedermann nicht ohne Grund behauptete, er sey nicht allein jetzt schon liebenswürdiger, sondern würde

auch dereinſt ein beſſerer Regent werden, als
der tiefſinnige Rudolf.

Der Kaiſer ſahe dieſes alles, und es bekümmerte ihn, auch er liebte den Prinzen Mathias
mehr als ſeinen unglücklichen Bruder, aber —
dieſer war und blieb der Aelteſte, welchem ſeine
groſſen Anſprüche erhalten werden müßten.

Ein Mittel hatte ſich Maximilian noch zu
Heilung ſeines Sohns aufbehalten, die Liebe.
Für ihn, den künftigen Kaiſer, wuchs die junge Prinzeßin Anna heran, für ihn war ſie bey
den Eliſabethinerinnen erzogen worden, und um
ſeinetwillen befand ſie ſich gegenwärtig bey den
Krönungsfeyerlichkeiten zu Preßburg. Anna
wußte nichts von den Abſichten, die man mit ihr
hatte, und ihre Unbefangenheit machte ihren
Sieg deſſo gewiſſer, einen Sieg, den ſie doppelt
an einem Tage erhielt. Weder Rudolf noch Mathias konnten die aufblühende Schönheit ohne
werdende Leidenſchaft ſehen, ſie liebten beyde
auf den erſten Augenblick, liebten vielleicht beyde
gleich ſtark, aber die Art, mit welcher ſie ſich
dabey betrugen, war ſehr verſchieden.

Als Rudof noch über die Natur ſeiner Gefühle für die ſchöne Anna mit ſich zu Rathe
ging, und Möglichkeit und Unmöglichkeit wie-
dergeliebt zu werden abwog, hatte Mathias
ſchon die erſten Schritte gethan, ſeiner Geliebten
ſeine Leidenſchaft kenntlich zu machen, und die

Gewißheit, er sey der schönen Anna nicht gleichgültig, traf bey ihm gerade an dem nehmlichen
Tage ein, da sich Rudolf aus dem Lauf der Gestirne überzeugt hatte, es sey bedenklich, hier
weiter zu gehen, weil er einen Mitbuhler habe,
dem er wohl werde nachstehen müssen.

Der Kaiser trauerte, als er sah, daß seinem
ältern Sohn auch auf diese Art nicht zu helfen
sey; sein düsteres Stillschweigen war ihm Unterpfand seiner Gleichgültigkeit für die junge Prinzeßin. Daß Matthias mehr für sie fühlte, als
sein philosophischer Bruder, fiel in die Augen,
und es war ihm endlich gleichgültig, durch welchen von seinen Söhnen sie seine Tochter ward,
nur daß er bey der Vermählung des jüngern
nicht für nöthig hielt, so schleunig zu Werke zu
gehen, als bey dem ältern, welchem, hätte er
seine Gefühle geäussert, wie andere Sterbliche
sie zu äussern pflegen, die ungarische Krone, und
der Myrthenkranz der Liebe, an einem Tage
aufgesetzt worden wären.

Der unglückliche Rudolf! wie verblendet ging
er vor seinem Glück vorüber! Wie viel Unheil
hatte der astrologische Augustiner Münch in den
Schicksalen seiner Zöglinge angerichtet! Während
hier der eine trauerte und sich abhärmte, da er
hätte triumphiren können; eilte dort der andere
dem vorhergesehenen Schicksal entgegen, indem
er es vermeiden wollte, und der dritte, der

Gebhard. 1. Th.   J

ſie glaubte, dieſes könne durch nichts als durch die weiteſte Entfernung bewirkt werden, und es war alſo natürlich, daß ſie ihre Freundin lieber jedem andern, als Gebhards Bruder gegönnt hätte. Ihrem Urtheil nach, mußte ihr unglück- licher Lehrer in der Sternkunde ſich denn am be- ſten befinden, wenn er ſeine Geliebte im Kloſter glaubte, und bis an den letzten Tag ſeines Le- bens nichts wieder von ihr hörte.

Jenen verweisvollen Brief des Herrn von Truchſeß, den wir im vorigen erwähnten, hatte ſie jetzt kürzlich erhalten und beantwortet, und ſie handelte völlig nach den Meynungen, die ſie in ihrer Antwort äuſſerte. Agnes ſollte und muß- te für Gebharden verloren bleiben; aus Freund- ſchaft für ihn, wünſchte ſie dieſes. Sein ander- weitiges Glück zu heben, es ſo hoch zu heben, als weder er noch irgend ein anderer damals den- ken mochte, dies war bey Tag und Nacht das unabläßige Sinnen ihres freundſchaftlichen Her- zens; ſie glaubte, ihm das Glück zu danken zu haben, dem ſie jetzt hoffend entgehen ſah, und ſie fand keinen Preis für daſſelbe zu hoch.

Seltſame ausſchweifende Plane nahmen Platz in ihrer dankbaren Seele, Plane, die ſie niemand entdeckte, als dem Biſchoff von Augſpurg; ſie wurden von ihm gebilligt, Mittel, ſie zur Aus- führung zu bringen, wurden ausfündig gemacht, unabläßig gingen von dieſem Augenblick an,

Boten zwischen Otto und Sidonien ab und zu, den die Entfernung verhinderte mündliches Ver-kehr, und Gebhards Patronin von seinem zärt-lichen Oheim belehrt, was sie bey der Anwesen-heit der päbstlichen Gesandten, und eine Menge anderer geistlichen Fürsten zu Presburg zu sei-nem Besten zu thun habe, sahe bereits mit vol-ler Hofnung dem Augenblick entgegen, da ihrem Freunde der Besitz seiner Agnes mit einem Für-stenthum ersetzt werden sollte.

Gebhard genoß zu Kölln der Vorzeichen seines Glücks; er sah sich zu den höchsten geistlichen Ehrenämtern, wie im Fluge, erhoben, sah Sa-lentins Gnade fast zur Freundschaft des Gleichen mit dem Gleichen erhöht; der Schritt, welcher diesen Fürsten seiner geistlichen Fesseln entnehmen, und ihn zum glücklichen Privatmanne machen sollte, war nahe. Jedermann sprach davon, Herzog Ernst von Bayern werde seine erledigte Stelle einnehmen; ein Mann, dem Salentin aus mehr als einer Ursach gehäßig war. Nach einer langen Conferenz zwischen ihm und dem Bischoff von Augspurg ward beschlossen, einen treuen und geschickten Mann nach Rom zu senden, der im Stande wär, den Ausspruch des heiligen Vaters auf eine andere Seite zu lenken, und wen sollte man hiezu erwählen, als Gebharden, dem Bey-des sein gegenwärtiger Rang, und seine Talente den nächsten Anspruch auf diese Ehre gaben?

Gebhard reiste, ihm kamen unterwegs vielerley Gerüchte zu Ohren, die er anhörte, wie ein Mensch der mit ganz andern Dingen beschäftigt ist. Die halbe Welt war damals voll von den Feyerlichkeiten der Krönung des nunmehrigen Königs von Ungarn zu Preßburg. Fremde, die dort gewesen waren, begegneten Gebharden überall, und alle redeten von der Pracht, die sie gesehen hatten, und von der glänzenden Versammlung, die durch Rudolfs Krönungsfest aus allen Theilen Europens, herbeygezogen worden war. Man nannte zwanzig erlauchte, damals berühmte Fürsten und Herrn, nannte zwanzig durch ihre Schönheit und Rang ausgezeichnete Damen, nannte auch Sidonien, die Prinzeßin Anna; und die Gräfin von Mannsfeld.

Gebhard seufzte tief bey dem letzten Nahmen; er dachte an seine Agnes, aber er vermuthete nicht sie selbst unter denselben. Es gab damals der Gräfinnen von Mannsfeld sehr viele, und er wußte ja seine Geliebte im Kloster. Ein wenig nahe ging es ihm bey Sidoniens Namen, daß ihm Salentin keine Geschäfte nach Preßburg an sie aufgetragen hatte, die ihm hätten Vorwand geben können, heftiger in Sidonien wegen Agnes zu dringen; aber er bekämpfte diesen Gedanken mit Heldenmuth. Sie ist Nonne, sagte er zu sich selbst, ich bin ein Verlobter der Kirche, wir haben nichts zu thun als einander zu vergessen;

und verdient diejenige, welche mich wahrschein=
lich aus bloßem Eigenſinn aufgab, verdient ſie
auch nur einen Gedanken von mir? —

Ein andermal fiel es ihm wieder ein, Agnes könne
wohl von ihren Verwandten zum Kloſter gezwungen
worden ſeyn, könne wohl in dieſem Augenblicke laut
ihres Briefes die Trennung von ihm mit tauſend
Thränen beweinen; dieſer Gedanke erweichte ihn ſo,
daß er ſich abermals losreiſſen mußte, wenn er
nur erträgliche Faſſung zu Fortſetzung ſeiner
Reiſe, und zu Betreibung der großen Dinge,
die ihm aufgetragen worden waren, behalten wollte.

Mittlerweile litt Agnes würklich von ihren
Verwandten um ſeinetwillen große Bedrängniß,
aber nicht zu Annahme des Schleyers, ſondern
zu Ablegung eines andern Gelübdes, das ihr
weit widriger war als das Kloſtergelübde. —
Unter den vielen Großen, welche die Krönung
zu Preßburg verſammelt hatte, befand ſich auch
ein alter Graf von Mannsfeld, ein Oheim von
Agneſens Vater, der von ihrem ganzen Hauſe
tief reſpektirt, aber bey weitem nicht immer zu
Rathe gezogen wurde. Auch bey Agneſens Be=
ſtimmung zum Kloſterleben hatte man es nicht
gethan, er kannte ſeine ſchöne Nichte nicht, und
ſahe ſie jetzt am kaiſerlichen Hofe zum erſten
mahle. Sie bezauberte ihn auf den erſten An=
blick, und er verſprach ihr, ihr Glück ſeine Sorge
ſeyn zu laſſen.

Die traurige Agnes, welche das geräuschvolle
Leben immer überdrüßiger ward, bat um Be=
förderung nach dem von ihr gewählten Kloster.
Diese Bitte erregte den heftigsten Unwillen des
alten Herrn, er fluchte seinen Vettern, die ein
so schönes Geschöpf zum kläglichen Leben zwi=
schen vier düstern Mauern bestimmen konnten,
und als Agnes betheuerte, daß hier alles ihre
eigene Wahl seye, so fluchte er auch demjenigen,
der einen so unnatürlichen Wunsch in ihr hätte
erregen können; er schwur, dieses könne nicht von
rechten Dingen zugehen, unglückliche Liebe müße
hierunter verborgen liegen.

Agnes gestand dies halb und halb ein, und
da der alte Graf zufälliger Weise etwas von ih=
rer ehemaligen Verbindung mit Gebhard Truch=
seß gehört hatte, so setzte er sich hieraus, und
aus ihrer Sehnsucht nach dem Kloster eine Ge=
schichte zusammen, die ihm weder seine Nichte,
noch die Gräfin von Aremberg noch selbst die
Prinzeßin aus dem Sinne reden konnten. Geb=
hard war nach seinem Wahn, ein Treuloser,
Agnes die Verschmähte, die er nun ihm zum
Trotz durch irgend eine glänzende Verbindung
glücklicher machen wollte, als sie je durch ihn
hätte werden können. Ihre schon halb und halb
gethanen Gelübde wurden durch Geld und das
Ansehen, in welchem er bey den anwesenden
päbstlichen Gesandten, so wie bey dem heiligen

Stuhl selbst stand, bald gelößt, und unglücklicher Weise mußte sich auch ein Gegenstand zeigen, der dem alten Grafen alles Glück zuzu-
sprechen schien, das er nur für seine Nichte
hoffen konnte.

Daß dieses Karl Truchseß nicht war, den er
schon um des bloßen Namen willen haßte, läßt
sich leicht errathen; er erhielt die Weisung, seine schöne Muhme, die sich jetzt größtentheils in
dem Hause des alten Grafen von Mannsfeld
aufhalten mußte, seltner zu sehen, ein unbe-
scheidnes Kompliment, welches den Kopf des
jungen Helden wohl ein wenig in Feuer gesetzt
haben würde, hätte die sanfte Agnes die
Ausrichtung desselben nicht über sich genommen.
Von ihren Lippen, pflegten ihre Lobredner zu
sagen, würde auch ein Todesurtheil schön lauten, kein Wunder also, daß der sonst so leicht
aufzubringende Karl, in dem Abschied, den ihm
die holde Gräfin geben mußte nichts fühlte, als
bittere Nothwendigkeit, Nothwendigkeit sich von
einer Person zu trennen, die es ihm tausendmal
zugeschworen hatte, wie sie nie dran denken dürfe,
ihm etwas mehr als Freundin zu seyn.

Agnes fühlte eine Art von Erleichterung, den
Mann nicht mehr immer um sich zu sehen, den
sie wegen seiner tausend Vorzüge so innig schätzte,
ohne ihm Liebe mit Gegenliebe vergelten zu dürfen. Es ist Qual für eine gutdenkende Seele,

dem Verdienstvollen hart zu begegnen; aber
konnte Agnes anders? ihr Herz sprach allein für
Gebhard, sie fühlte, sie müsse sich von ihm los-
reissen; ihre Freundinnen, von denen sie sich vielleicht zu sehr lenken ließ, sagten ihr unaufhörlich
vor, dies könne durch das Klostergelübde nicht
so sicher geschehen, als wenn sie ihre Hand einem
andern böte, Karl Truchseß konnte und durfte
dieser andere nicht seyn, wars denn nicht besser
ihn nicht mehr zu sehen, als Gebhards Andenken,
und Karls Leidenschaft durch längern Umgang
mehr zu nähren?

Agnes hofte Ruhe, in dem Hause ihres Oheims,
an dessen Gemahlinn, einer ehrwürdigen betag-
ten Matrone, sie eine wahre Mutter fand, und
ihr ward wenigstens einige Zeitlang was sie gehoft hatte. Der Stand des Grafen von Mannsfeld forderte zwar Umgang mit der grossen Welt,
aber die Jahre, in welchen er und seine Gemahlin sich befanden, erlaubten Einschränkung.
Die alte Gräfin sah es gern, daß Agnes Ge-
schmack an der Stille fand, die der gewöhnliche
Ton ihres Hauses war, und ließ sie nur so viel
Theil an den unumgänglichen Gesellschaften nehmen, als sich ohne Beleidigung des Wohlstandes
nicht vermeiden ließ.

Die Gräfin von Aremberg, und die Prinzeßin

waren die einigen Personen, die sie öfters sahe,
und diese stimmten so wohl in das was ihre
Verwandten mit ihr vorhatten, daß Agnes, die
den Gedanken an das Kloster ungern aufgab,
das Gespräch immer gern von ihren eigenen
Angelegenheten ablenkte, und ihren Freundinnen
Gelegenheit gab, sich mit dem zu unterhalten,
was ihre Herzen beschäftigte; Salentin und der
Prinz Mathias wurden oft von ihr im Gespräch
herbeygerufen, ihre zubringlichen Rathgeberinnen
von widrigen Gegenständen hinwegzuziehen; der
Kunstgriff glückte. Die Geliebten der beyden
Prinzen sprachen gern von ihren nahen Hoffnungen, und Agnes gewann Zeit in der Stille über
ihr härteres Schicksal zu seufzen.

Sie sah mit einiger Beruhigung, daß der
Graf von Mannsfeld keinen von demjenigen be-
günstigte, welche ihre Schönheit bewunderten, und
sich in dem Wahn, in ihr eine Erbin ihres reichen
Oheims zu sehen, um ihre Hand bewarben; sie
hofte durch geduldiges Ausharren endlich doch das
zu erlangen, was sie wünschte, den klösterlichen
Schleyer, aber schnell brach der alte Graf mit
seinen wahren Absichten hervor, und gebot ihr
in jenem milden väterlichen Ton, dem kein Herz
wie das ihrige Widerspenstigkeit entgegen setzen
kann, sich zum Empfang desjenigen bereit zu
machen, welcher zu ihrem Gemahl bestimmt sey.

Unter den zahlreichen Fremden, welche die un-
gárischen Krönungsfeyerlichkeiten zu Presburg
versammelt hatten, und welche dem kaiserlichen
Hofe, als diese vorüber waren, nach Wien folgten, befand sich ein Mann, der sich durch etwas Ausserordentliches in seinem Wesen vor allen andern auszeichnete.

Nicht ein grosser Name, nicht ein glänzendes
Aeusserliches, nicht ein zuversichtliches Hervor-
bringen war es, was ihn merkwürdig machte;
von all diesem fand sich bey ihm das Gegentheil: niemand kannte seinen Namen, doch vermuthete man aus einigen Gründen, er sey ein
vornehmer Engländer, von welcher Nation man
bey dem damahligen verirrten Zustand in den
brittanischen Inseln viel hochbenahmte Männer
als halbe Flüchtlinge an den übrigen europäi-
schen Höfen zu sehen gewohnt war. Sein äus-
serlicher Aufzug war jene gesuchte zierliche Sim-
plizität, welche nicht die Folge der Dürftigkeit,
sondern eigener freyer Wahl zu seyn pflegt, und
sein Betragen, die äusserste Sorgfalt, nirgend
bemerkt zu werden, nirgend in die Augen zu
fallen.

Der englische Gesandte war derjenige, dessen
Blicken der Fremde sich auf das geflissentlichste
entzog, und der auch überall, wo er seinen
Anblick nicht vermeiden konnte, die Augen eben

so geflissentlich vor ihm verschloß. Es schien ein
stillschweigendes Einverständniß zwischen beyden
zu seyn, nicht zu kennen, und nicht gekannt zu
werden. Sir Arthur, das war der Name, den
man ihm in Ermangelung eines andern überall
zu geben pflegte, war ein Mann, der bereits das
vierzigste Jahr erreicht haben konnte, ein ge-
wohnter stiller Ernst gab ihm noch mehr düstres,
als dieses Alter gemeiniglich zu haben pflegt,
er nahm an nichts Theil, sprach mit wenigen
und schmeichelte niemand, und diesem allen ungeachtet unterließ er doch nicht, hinreissend lie-
benswürdig zu seyn. Ein hoher Wuchs, die
edelste Miene, durch einen gewissen Anstrich von
Schwermuth noch interessanter gemacht, ersetzten
bey ihm das, was ihm an Jugendreizen und
einschmeichelnder Munterkeit abgieng; er maßte
sich keines Ranges an, und darum hätte man
ihn lieber für einen Fürsten gehalten. Er machte
keinen Aufwand, und jedermann hätte sich glücklich geschätzt, den vornehmen Unglücklichen, dafür hielt man ihn, unterstützen zu dürfen, wenn
man es hätte wagen können, ihn von dieser
Seite für würklich hülfsbedürftig zu halten.
Man suchte ihn überall hervorzuziehen, aber er
gab sich mit wenigen ab, und der alte Graf
von Mannsfeld war fast der einige, der sich einer Art von Vertraulichkeit mit ihm rühmen
konnte, und den er zu Zeiten in seinem Hause besuchte.

Seit er die junge Agnes einst im Gefolge der Prinzeßin Anna gesehen hatte, wurden seine Besuche in dem Hause ihres Verwandten häufiger, und wir glauben nicht zu irren, wenn wir behaupten, daß das Interesse, das dieser besondere Mann an ihr zu nehmen schien, zuerst die Vorliebe ihres Oheims für sie weckte, und ihn auf den Entschluß brachte, ihr Glück zu machen; — Nur gar zu oft ist es nöthig, daß Fremde Vorzüge in uns entdecken, um uns bey denen, welche uns näher sind, einen Werth zu geben.

Dieser Unbekannte, dieser ausserordentliche Mann, von welchem jedermann sprach, ohne ihn genau zu nennen zu wissen, war es, welchen der Graf von Mannsfeld bestimmt hatte, das Glück seiner schönen Nichte zu machen, und den er ihr nach einer kurzen in seinem Hause genossenen Ruhe, unter dem Namen des Herzogs der orkadischen Inseln, als ihren künftigen Gemahl vorstellte.

Agnes erröthete, der große Name, den man ihr ankündigte, weckte ihre Eitelkeit. Das Bekenntniß ihres Sieges aus einem Munde, der nie zu schmeicheln pflegte, war Triumph für ein gewisses Etwas, das in eines jeden Mädchens Herzen schlägt. Der vornehme Fremde mußte gefallen, wo er sich zeigte, wie viel mehr, da wo er gefallen wollte, und wo er die ausgesuchtesten Künste, seine Verdienste geltend zu

machen anwandte. Die Worte, mit welchen er
sich an die junge Gräfin wandte, hatten einen
ganz eigenen, unendlich feinern Ton als den,
welchen sie aus dem Munde ihrer übrigen An-
beter zu hören gewohnt war. Die Sitte an den
deutschen Höfen war damals noch etwas plump,
oder sie verlor sich da, wo man diesen Fehler
vermeiden wollte, in unerträgliche spanische Stei-
fe, die keiner Seele, welche so viel innern Sinn
für das wahre Schöne hat, als Agnes, behagen
konnte. Hier sah sich die junge Gräfin auf eine
Art angeredet, die sich so weit von dem gezwun-
genen Ton des Wiener Hofs, als von der freyen
Sitte der Franzosen, die ihr auch nicht ganz
fremd war, entfernte. Es war die edle Sprache
eines Britten, voll bescheidner Zuversicht zu sich
selbst, und voll leidenschaftlicher Wärme gegen
den geliebten Gegenstand, eine Sprache, die ein
Geist der Finsterniß nicht hätte glücklicher wählen können, um sich in einen Engel des Lichts
zu verstellen. So hatte Agnes bisher nur noch
Einen sprechen hören, ihren Gebhard, dem unschuldige herzliche Liebe all die Vorzüge gab,
welche Kenntniß der wahren grossen Welt, und
seine Hofsitte einem andern beylegen konnte;
ach wär das Andenken dieses Einen nicht gewesen, welchen Eindruck hätte der Mann, der ihr
vorgestellt wurde, auf sie machen können! so
blieb es bey einer kleinen wohlgefälligen Bewe-

gäng, die nicht in das Innere ihres Herzens
kam; und bey einer Antwort, wie sie gute Lebensart, Scheu vor dem Grafen von Mannsfeld, und ein gutes Theil von Bestürzung ihr
in den Mund legen konnten.

Man war zufrieden mit dem, was sie sagte,
der Herzog der orkadischen Inseln, schmeichelte
sich mehr, als er Ursach hatte, und Agnes
mußte noch diesen Abend viel Glückwünschungen
von ihren Verwandten annehmen über eine Sache, die sie im Grunde äusserst beunruhigte.
Man umarmte sie, man nannte sie Tochter,
und überließ sich ganz der Freude, die gutherzigen Seelen zu empfinden pflegen, wenn sie das
Glück ihres Lieblings, ein Glück, für dessen Schö-
pfer sie sich halten, anstaunen.

Sir Arthur, denn diesen mäßigen Titel, den
er dem Publikum preis zu geben gewohnt war,
beliebte der Herzog immer noch beyzubehalten,
Sir Arthur war würklich verliebt in die schöne
Agnes; und viel zu geschickt in der Kunst, Herzen zu gewinnen, als daß es ihm hier hätte
ganz mislingen sollen, erstegte er sich wenigstens
bald die gränzenlose Achtung seiner Geliebten;
Mehr konnte, mehr wollte sie ihm nicht geben.
Die alte Gräfin von Mannsfeld sagte ihr, dies
sey genug zum Glück in der Ehe, ihre jungen
Freundinnen, welche freylich hierin ein wenig
anders dachten, verhehlten ihre wahre Meynung

und widersprachen nicht, weil sie schon längst sich überzeugt hatten, Agnes müsse so schnell und unwiderruflich von Gebharden entfernt werden, als nur möglich, und die nächste Gelegenheit hiezu sey bey erträglich gutem Anschein mit beyden Händen zu ergreifen.

Agnes war also überstimmt, aber bey weitem nicht befriedigt. Sie weinte Tag und Nacht, und wußte nicht, was ihr Herz beengte. Sie hielt es für schlecht getilgte Liebe zu Gebharden; und dachte, um sich gegen die Ueberbleibsel ihrer Leidenschaft zu stärken, an das, was die Sterne von ihrer Verbindung mit ihm sagten. Ein Schauer vor dem Gedanken, ihn durch ihre Hand unglücklich zu machen, wandelte ihr an, und sie ließ sich nach langem Weigern, endlich zum Besten des Herzogs das Jawort abbringen. Anstatt hierin Beruhigung zu finden, fühlte sie ihre Beängstigung erschwert. Sie fragte sich, ob sie ihren bestimmten Gemahl hasse? ein lautes Nein ertönte aus ihrem Herzen; sie schätzte, sie bewunderte ihn, sie fühlte einen kleinen Stolz sich durch so einen ausserordentlichen Mann vor tausenden, die mit ihr gleiche Ansprüche auf Bewunderung hatten, ausgezeichnet zu sehen, und doch und doch — —

Rath und Auskunft über die Widersprüche ihres Herzens wäre ihr jetzt so nöthig gewesen, und sie fand sie nirgends. Die alte Gräfin von

Gebhard. 1. Th.   K

Mannsfeld war sowohl als ihr Gemahl für den Unbekannten eingenommen, die Prinzeßin Anna dachte nicht vielmehr als ihren geliebten Prinzen, und war überdem zu jung, die Rathgeberin einer ältern zu seyn; und Sidonie, o diese war gänzlich für die arme Agnes verloren, da sie sich jetzt auf dem entscheidenden Punkte ihres eigenen Schicksals befand, und für nichts anders Sinn hatte, als für die unaussprechlich glückliche Entwickelung desselben.

Die Sterne hatten, in Rücksicht auf sie, wahr geredet. Salentin, nun nicht mehr Churfürst von Kölln, war seiner geistlichen Fesseln entnommen, und breitete seiner gewählten Braut offene Arme entgegen. Jedermann, anstatt den Schritt, den er gethan hatte, zu tadeln, begleitete denselben mit lautem Beyfall. Die päbstliche Dispensation, die Einwilligung des Kaisers, der glückwünschende Zuruf der Welt, die glänzende, zu ihrer Heimholung abgefertigte Gesandtschaft des Grafen von Isenburg, alles vereinte sich, sie in eine Art von fröhlichen Rausch zu versetzen, vor welchen sie weder ihr fester Charakter, noch ihr tiefes Wissen, noch alle Vorzüge, die sie vor Tausenden ihres Geschlechts hatte, ganz verwahren konnten. Es giebt Augenblicke, wo auch das beste Weib sich nicht über die Schwachheiten ihres Geschlechts erheben kann.

Ich beschwöre dich Sidonie, rief die trauren-
de Agnes, der es glükte, sie den Abend vor ihrer Abreise, auf einen Augenblik, aus dem ge-
räuschvollen Cirkel zu reissen, der sie jetzt immer
umgab, ich beschwöre dich, verlaß deine Agnes
nicht ganz ohne Rath ; siehe mich auf dem
Punkte, Schritte zu thun, die mich vielleicht
auf ewig unglüklich machen!

Agnes, rief die ungeduldige Gräfin, deren
Gedanken schon halb an einem andern Orte waren, woher die Zweifel über eine Sache, die wir
schon zwanzigmal gemeinschaftlich durchdacht und
gut gefunden haben? An Gebharden darfst du
aus Ursachen, die dir nicht entfallen seyn können,
und aus noch andern, die dir nicht lang verborgen
bleiben werden, nicht mehr denken. Den Schleyer
darfst du, nach meiner Einsicht, nie annehmen,
was bleibt dir also übrig, als die Hand eines
andern? Dein Bräutigam, der Herzog —

Ach ich bitte dich, Sidonie, wer ist dieser Herzog? So wenig Kenntniß ich von der Geschichte
seines Vaterlandes habe, so weiß ich doch genug,
um diesen Titel, den er gegen niemand, ausser
mir, eingeständig seyn will, sonderbar zu finden!

Hast du eine andere Wahl, als den Mann,
zu dem dir alle deine Freunde rathen?

Muß ich eben heut und morgen wählen?

Ja, Agnes, du mußt! die entscheidendsten

K 2

Stunden deines Lebens nahen heran, die dich nicht unbestimmt finden dürfen.

Die entscheidenden Stunden? — O Sidonie, dieser Ausdruck bringt mir deine Prophezeihungen in den Sinn; wie unglüklich haben sie mich gemacht!

Und mich, wie glüklich! Siehe auf mein Beyspiel, und lerne den Sternen gehorchen!

Sidonie, ich beschwöre dich, kannst du mich versichern, daß ich durch die Hand dieses Mannes glüklich seyn werde? —

Die Gräfin von Aremberg schwieg. —

O, rief Agnes, du schweigst! Gott weiß, ob dieses Schweigen Zweifel oder Zerstreuung ist! — Geh, du Glükliche, du hast in den lachenden Scenen, die dich jetzt umgeben, keinen Gedanken für die grausame Lage deiner Freundin. Geh, überlaß mich mir selbst, du wirst von mir hören, wenn ich vielleicht nicht mehr zu retten bin!

Agnes! Was soll ich für dich thun? rief die Gräfin von Aremberg, in dem sie sich ihrer weinenden Freundin um den Hals warf.

Du weißt, wo du Rath für mich holen sollst, erwiederte die Gräfin von Mannsfeld, gieb mir nur einige Auskunft über den Charakter desjenigen, den ich nicht ohne heimliches Grauen meinen Bräutigam nennen kann, über den, vor welchem ich noch heute durch diese Zeilen gewarnt ward.

Gewarnt?

Lies hier diesen Zettel, die Unterschrift wird
dir den Schreiber kennen, und das Gewicht seiner Worte schätzen lehren.

Sidonie las:

„Wird Agnes blindlings in ihr Verderben
rennen? — Wer ist dieser Herzog der orkadischen
Inseln, dem sie ihre Hand bestimmt? Ich kenne nur Einen, der diesen Namen führen könnte;
sollte dieser Verführer hieher gekommen seyn,
noch ein edles Herz zu bethören, wie er schon
zum Entsetzen der halben Welt in seinem Vaterlande gethan hat? — Ich bitte Euch, Gräfin, prüfet, worauf euch aufmerksam macht der
zurükgewiesene
                              Karl Truchseß.“

Was mag er meynen? Er hätte deutlicher
schreiben sollen! rief die Gräfin von Aremberg,
indem sie ihrer Freundin den Brief zurük gab.

Da er es aber nun nicht gethan hat —

Wir müssen ihn aufsuchen lassen!

Als ob er zu finden wäre! Glaubt die Gräfin
von Aremberg, daß ich außerdem ihr mit Bitten
beschwerlich gefallen wäre, die sie wohl versteht?

Ja, Agnes, ich verstehe dich! Aber bedenke
selbst die Zeit; in drey Stunden ist Mitternacht, morgen früh vor Tage muß ich von hier
aufbrechen! —

Nun so leb wohl, lebe wohl schöne Agnes,
indem sie Sidonien den Abschiedskuß auf die

Wange drükte, ich habe dich weiter nichts zu
bitten, als, du magst einst von mir hören was
du wolleſt, ſo denk an die heutige Stunde.

———

Die Gräfin von Mannsfeld eilte von ihrer
glüklichen Freundin, um eine ſchrekliche Nacht
auf ihrem Lager zu verweinen; am Morgen erhielt ſie die Nachricht von Sidoniens Abreiſe
und dieſen Zettel:

„Ich habe der Nacht ihre Stunden entriſſen,
um dein Verlangen einigermaſſen zu erfüllen,
aber was ich dir ſagen kann, iſt mangelhaft,
denn weder Zeit noch Umſtände, noch meine eigene Gemüthsfaſſung ſchicken ſich zu meiner Arbeit, ſogar fehlte es mir an den nöthigſten Vor-
kenntniſſen von dem, was du wiſſen willſt; ſiehe
hier einige Fragmente.“

„Dein Unbekannter ſey wer er wolle, ſo ſtand
er einſt nahe am Throne.“

„Der Name, den er ſich giebt, ſcheint ihm
deutlich zuzukommen, ob er gleich andere, die
ihn kenntlicher machen könnten, verſchweigen
mag.“

„Du biſt nicht ſeine erſte Liebe, es könnten
vielleicht Perſonen leben, welche Rechte auf ihn
hätten. Ihn ſelbſt mußt du darum befragen,

mich können meine Berechnungen dießmal irre führen. "

„Glüklich scheinst du nicht durch die Hand deines Gemahls zu werden, es sey dieser oder ein anderer, der einst diesen Namen führen wird. Du weißt, ich sagte dir dieses schon oft, und du bautest hierauf den Entschluß zum Klo=sterleben, welchem alles, was die Gestirne von dir sagen, widerspricht, und welchem auch ich feyerlich widerspreche. "

„Du wirst dich vermählen, wirst deinem Ge=mahl mit deiner Hand Unglük zubringen; soll diese traurige Mitgabe dein Gebhard oder ein anderer haben? — Doch es ist Thorheit, von Gebharden noch zu sprechen; hast du nicht be=reits jeden Gedanken an ihn aufgegeben, so laß ihn nun durch die Nachricht vernichtet werden, daß ihn das Glük jetzt auf eine Stufe erhoben hat, die er nicht bestiegen haben würde, wenn noch irdische Liebe, Liebe für dich in seinem Herzen wohnte."

„Arme Agnes, mein Herz fühlt es, wie ich das deinige mit jeder Zeile, die ich schreibe, verwunden muß, aber du willst Wahrheit, und ich gebe sie dir, sie in ein tröstendes Gewand zu kleiden, verhindert mich die Eile, welche keine gewählten Worte kennt! "

„O leb wohl, leb wohl! Nöthige Kundschaft, die du verlangtest, hast du nunmehr, Rath

kann ich dir nicht geben. Wär die Sprache der
Gestirne überall so dunkel, als sie es in Rük,
sicht auf dich ist, ich würde meinem Lehrmeister
seinen Unterricht wenig danken, mich dünkt, ich
habe ihn diese Nacht zum letztenmal genutzt.
Es ist eine tranrige Mühe, mehr wissen wollen,
als andere Sterbliche. Mir zwar schafte sie se-
ligen Vorgenuß des Glüks, das ich nun vor mir
sehe, aber — — Ich habe den Schatz gefunden, und zerbreche den Schlüssel, der mir die
Thür dazu öfnete."

———

Agnes war durch den räthselhaften Brief ihrer
Freundin um nichts klüger geworden. Sie las
ihn zehnmal und war am Ende zu nichts entschlossen, als den einigen Rath, den er ihr gab,
zu befolgen, und bey demjenigen nähere Auskunft über die Warnung ihres Freundes zu suchen, der ihr dieselbe am besten geben konnte,
bey dem Manne, den dieselbe betraf.

Bey dem Grafen und der Gräfin von Mannsfeld, denen sie einen Theil ihrer Zweifel entdekte, fand sie wenig Gehör, weil sie diejenigen,
welche ihr dieselben eingeflößt hatten, weder
nennen konnte noch wollte.

Der Herzog besuchte sie am Abend zu der
Stunde, die er gewöhnlich die seligste seines Le-

bens nannte, und die auch ihr, vermöge des un-
widerstehlich anziehenden, das in seiner Unterhaltung, vermöge des namenlosen Zaubers, der
in seiner Person lag, ungeachtet aller Widersprüche ihres Herzens nie ganz unwillkommen
gewesen war. Läßt sich die Möglichkeit denken,
eine Sache zugleich zu lieben und zu hassen?
sie herbeyzuwünschen und vor ihr zu zittern?
Sie fand sich bey Agnes. Ohne Zweifel fühlte
sie eine Art von Werthschätzung gegen die glänzenden Vorzüge dessen, den sie, wenn nur ein
Theil von dem, was man ihr Schuld gab, zu-
traf, verabscheuen mußte, ohne Zweifel zitterte
sie vor der Zusammenkunft mit ihm, die sie um
anderer Ursachen willen herbey, oder vielmehr,
vorüber wünschte. Es ist keine Kleinigkeit, auf
dem Punkte zu stehn, sein Urtheil von irgend
einer Person, die uns wichtig ist, ändern zu
müssen.

Der gute Verstand der jungen Gräfin und
der einnehmende Ton, welchen sie allem, was
sie sagte, zu geben wußte, setzte sie in Stand,
die verfänglichen Fragen, die sie ihrem Verlobten zu thun hatte, auf eine unbeleidigende Art
vorzutragen.

Die Bewegung, in welche er durch dieselben
gerieth, war unverkennbar, aber sie schien nichts
von der Erschütterung eines bösen Gewissens an

sich zu haben; diejenige, welcher noch solchen
Gefühlen unterworfen ist, kann nur noch ein
Lehrling in der Bosheit heissen, und der Herzog,
er mochte nun ein Engel des Lichts oder ein
Geist der Finsterniß seyn, schien an der Spitze
seiner Gattung zu stehen.

Gräfin, sagte er nach einem kurzen Bedenken,
ich liebe euch, ich bete euch an, eine Leidenschaft wie der meinigen könnte es vielleicht ver-
ziehen werden, wenn sie ein wenig von dem ge-
raden Pfade abgegangen wäre, um ihre Befriedigung zu erlangen, aber dies findet sich bey
mir nicht. Ihr habt ein Recht auf meine auf-
richtigen Geständnisse, und sie sollen euch nicht vorenthalten werden. Höret hier kürzlich meine
Geschichte: Meine Geburt ist die edelste meines
Vaterlands, sie bestimmte mich so wie meine
Neigung zu den Waffen. Durst nach Größe war
von Jugend auf mein herrschender Trieb, zu
welchen sich erst spät Neigung zu Eurem reizenden Geschlecht gesellte. Wie wäre es bey diesem
Hange zu der süßesten aller Leidenschaften, wie
wäre es im Vaterlande der Schönheit möglich
gewesen, so lang ohne Fesseln geblieben zu seyn,
daß ich Euch meine erste Liebe nennen könnte?
— Nein, Agnes, das seyd ihr nicht, aber ich
fühle, daß ihr meine letzte seyn werdet; wie
daurend meine Leidenschaft für euch seyn wird,
das beweisen euch die äußerlichen Reize, die

mich zuerst zu euch hinrissen. Diese ganze Fülle
der Schönheit, wie ich sie hier vor mir sehe,
habe ich schon, ehe ich Euch kannte, in einer
andern Person geliebt, die nun auf ewig für
mich verloren ist, zu welcher ich aber, ungeach=
tet der treffenden Gleichheit ihrer persönlichen
Vorzüge mit den Eurigen, nicht zurückkehren
würde, wenn mir auch nicht die Unmöglichkeit
im Wege stünde, dann das Uebergewicht geisti=
g.r Vollkommenheiten ist auf eurer Seite. Dieses
unschuldsvolle arglose Herz, dieser helle, doch
ganz weibliche Verstand, dieser feste, von aller
Wankelmuth freye Charakter, die ich an euch
bewundere, tragen den Preis von der Weltsitte,
dem tiefen Wissen, und der Unstättigkeit Eures
reizenden Ebenbildes davon. Sie habe ich ver=
gessen, Euch werde ich ewig lieben, Sie ver=
leitete mich zu Vergehungen, ihr werdet mich
auf dem Wege der Tugend unterstützen.

Ich liebte, ich betete sie an, doch das Glück
hatte sie einige Stufen über mich erhoben, nur
durch Heldenthaten konnte ich mich zu ihr em=
porschwingen. Ich handelte unter ihren Augen,
und erhielt Lob aber keine Liebe. Die ganze
Neigung meiner Angebeteten lenkte sich auf einen,
der mir am Stande gleich, an Verdiensten —
ich darf es wohl sagen — tief unter mir war,
sein ganzer Vorzug bestand vielleicht in mehr
Schönheit und mehr Jugend als ich besaß.

Er ward der Gemahl meiner Angebeten, ich war wütend! Ich suchte Heilung in frember Liebe, ich verband mich mit einer andern, und gewann daburch nichts, als die Nothwendigkeit, ein Band wieder zu zerschneiden, das mich noch unglücklicher machte. Während ich mich von meiner Gemahlin scheiden ließ, gingen meiner vermählten Geliebten gleichfalls die Augen auf; sie sah, wie elend sie in ihrem Gemahl, den ich Lord Heinrich nennen will, gewählt hatte. Dieser Undankbare ließ es nicht dabey bewenden, der ersten Schönheit ihrer Zeit, bald nach der Vermählung, mit zurückstoßender Kälte zu begegnen, er quälte sie auch noch mit Eifersucht und pöbelhaftem Betragen. Er nützte die Gewalt, die sie ihm gegeben hatte, ihre liebsten Diener zu verfolgen, und zu tödten, er ergab sich dem Trunk und andern Ausschweifungen, und zürnte, wenn er in den Krankheiten, die er sich auf seinen Lasterwegen zuzog, mehr Abscheu als Mitleid von ihr erfuhr.

Das Schicksal führte mir zu dieser Zeit, da meine Geliebte die Folgen einer thörichten Wahl beweinte, Gelegenheit in die Hand, mich ihr auf eine vortheilhafte Art wieder ins Gedächtniß zu bringen. Räuber verheerten ihre Besitzungen, ich bekämpfte und besiegte sie, und fiel ihr beym triumphirenden Einzug auf ihr Schloß so vortheilhaft in die Augen, daß eine Leidenschaft in

ihr erwachte, welche ich früher hätte erregen mögen! O Marie! Marie! nur ein Jahr früher
deine Liebe, und du und ich wären vom Verbrechen rein geblieben!

Meine Geliebte fand in meinem Umgange das,
was sie in den Armen ihres Gemahls nicht fand,
Trost und Unterstützung bey so manchen, was
schwer auf ihr lag. Mit Thränen bekannten
wir einander, wie unglücklich wir waren, einander nicht mehr ganz angehören zu können, und
das Gefühl der Moralität hätte stärker in uns
seyn müssen, als es war, um den Wunsch zu
besiegen, das was jetzt unmöglich war, möchte
einst möglich werden, und ein solcher Wunsch,
wird er nicht allzuoft der Grund von frevelhaf-
ten Versuchen dem Schicksal in die Räder zu
greifen, und Vorgänge zu beschleunigen, die uns
glücklich machen könnten?

Meine Geliebte war sich bewußt, wenigstens
durch Gedanken, eine Verbrecherin gegen ihren
Gemahl zu seyn, sie gestand sich dieses, und
eilte ihr Vergehen durch verdoppelte Zärtlichkeit
gegen ihm im Aeußerlichen zu büßen. Mehr
Beweise von Liebe hatte er seit den ersten Monaten ihrer Verbindung nicht von ihr erhalten,
als damals, sie schloß sich mit ihm auf einem
einsamen Schlosse ein, sie wartete ihm in seinen
ekelhaften Krankheiten, und nur selten erlaubte
sie sich den Genuß der Vergnügungen, zu wel-

chen sie ihr Stand, ihre Jahre, und die Nothwendigkeit, sich von stets fliessenden Thränen
endlich einmal zu erholen, berechtigte.

Heinrich befand sich eines Tages leiblich, er
selbst ermahnte seine Gemahlin, nach der nahen
Stadt zu fahren, um bey einem Feste gegenwärtig zu seyn, dessen Verschönerung man von ihrer
Gegenwart hofte. Ueberzeugt, auch mich allda
zu finden, ließ sie sich überreden. Sie verließ
das einsame Bergschloß, und — rettete dadurch
ihr Leben. Mitten in der Nacht schlug der Donner in die Gemächer, welche sie nebst ihrem kranken Gemahl zu bewohnen pflegte. Der Knall
erschütterte die ganze Gegend umher. Auch wir
im Tanzsaale bebten, und hatten uns noch kaum
erholt, als das Gerücht von Heinrichs schreckli-
chem Tode ein zweytes noch heftigeres Entsetzen
verbreitete.

Darf ich es sagen? Entsetzen war auch das
einzige, das ich und Marie fühlten, Mitleid wenig, Kummer und Bedauren noch weniger. Unsere
schlecht verholenen Empfindungen zogen das Auge
der Welt auf uns, und machten uns zu Ver-
brechern; die meiste Schuld fiel auf mich; unsere
heimliche Liebe hatte man längst bemerkt, meine
ehemaligen kühnen Wünsche kannte man, und
man fand es nicht unwahrscheinlich, daß ich einen Tod, der sie noch erfüllen konnte, herbeygerufen habe.

Aber mein Gott, unterbrach hier Agnes den
Erzähler, welch ein ungeheurer Einfall! Was
für Gewalt hattet ihr über den Donner des
Himmels, der Lord Heinrichen tödtete?

Der Herzog erröthete ein wenig, und fuhr bald
darauf ungehindert also fort: Wer kann für die
Beschuldigungen des großen Haufens Rechnung
ablegen? Genug, man mußte ihnen einen Grad
von Wahrscheinlichkeit zu geben, und für mich
wurden sie Quellen der schrecklichsten Gefahr.
Der Vater des Getödteten wagte es, mich öffentlich des Meuchelmords anzuklagen, und einige
andere als meine Mitschuldigungen anzugeben,
welche würklich Lord Heinrichs heimliche Feinde
seyn mochten, und für deren Unschuld ich nicht
reden mag.

Meine Geliebte hatte eine Verwandte, eine
Dame von noch größerer Macht und Ansehen,
als sie selbst, sie ward von ihr wegen mehrerer
Schönheit und Jugend geneidet, und wegen ge-
meinschaftlicher Ansprüche heimlich verfolgt. So
verschieden das Aeußere der beyden Schwestern,
wie sich die Nebenbuhlerinnen immer voll scheinbarer Höflichkeit nannten, seyn mochte, so verschieden war auch der Ton, der in ihren Häusern
herrschte, und noch mehr ihre Gemüthsart. Meine
Geliebte, an dem französischen Hofe erzogen,
war frey, leichtsinnig, unbesonnen, wie die
Sitte jenes Landes, die andre, welche ihre

schönsten Jahre in einem Gefängnisse zugebracht
hatte, zurückhaltend, spröde, altklug, darum
aber nichts tugendhafter, als ihre schöne Muhme; sie wußte sich nur besser zu bergen, und gab
sich dadurch das Recht, Rathgeberin und Rich-
terin zu seyn, wo man es nicht verlangte; diese Rolle spielte sie auch hier, und meine Geliebte
mußte sich, wenn sie sich nicht ganz der bösen
Nachrede Preis geben wollte, gefallen lassen,
mir den Schutz zu entziehen, den sie mir hätte
gewähren können, und mich der Anklage meiner
Neider Preis zu geben.

Die Kläger klagten, die Richter richteten, und
ich ward unschuldig befunden: hintennach zwar
gab die blinde Göttin mit der Wage vor, sie
sey durch meine Macht geschreckt, durch Umstände
irre geleitet, nicht an ihr erstes Urtheil gebunden, aber wer wollte ihr dieses zugestehen?
Meine Geliebte wenigstens that es nicht, sie hielt
mich der Unthat völlig entsündiget, und gönnte
mir einen Umgang und Hofnungen, welche die
Misgunst von neuem aufregten und mein Unglück herbeyführten.

Wir liebten, und waren also natürlich blind
gegen alles, was ausser uns vorging, unsere
Verbindung war beschlossen, doch um, in Rücksicht auf meine Geliebte, der üblen Nachrede
auszuweichen, sollte sie keine Folge ihrer freyen
Einwilligung, sondern des Zwanges zu seyn

ſcheinen. Wir trennten uns, ich that einen
neuen Zug wider die Räuber, ſie eine Reiſe nach
einem entfernten Theil ihrer Beſitzungen.

Ein Zufall, wie ihn ſchlaue Liebe leicht herbeyzuführen weiß, brachte ſie, deren Beſitz mir
niemand gönnte, in meine Gewalt. Ich ent-
führte ſie auf eins meiner Schlöſſer; ein guther-
ziger Biſchof, mein Verwandter, verband uns,
und meine nunmehrige Gemahlin fühlte ſich durch
die Gewaltthätigkeit, mit welcher ich mir ihren
Beſitz errungen hatte, ſo wenig beleidigt, daß
ſie mich zum Unterpfand ihrer Gnade, mit dem
Titel beſchenkte, unter welchen ich der ſchönen
Agnes zuerſt vorgeſtellt ward, und den ich hier
nicht öffentlich führen kann, ohne mich kenntlicher zu machen, als meine Sicherheit erlaubt.

Die erſten Tage unſerer Ehe entflohen in einem Rauſch von Entzücken; in der Verbindung
mit Euch, meine Angebetete, erwarte ich die
Erneuerung deſſen, was ich damals empfand;
daß es von längerer Dauer ſeyn wird, dafür
bürgt mir eure Tugend und Treue. Mariens
Treue konnte mir keinen Monat für mein Glück
bürgen. Man riß ſie mit gewafneter Hand aus
meinen Armen, ſie ſchwur, mit mir zu ſterben,
aber noch lebt ſie, um die gerichtliche Schei-
dung von mir zu begünſtigen um mir zaghaft
zu entſagen, und ſich dem Schutz ihrer neidi-
ſchen Muhme zu ergeben, die ſie zwar faſt wie

Gebhard. 1. Th.   L

eine Gefangene hält, aber ihr doch, wie ich höre, die Möglichkeit nicht rauben kann, neue
Liebesverständnisse anzuspinnen, welche vollends
jedes zärtliche Verhältniß, das unter uns statt
finden konnte, aufheben, und mir volle Freyheit
geben, eine andere Wahl zu treffen. Sie ist
auf Euch gefallen, theure Gräfin! Ebenbild des
schönsten Weibes, das je die Sonne sah! Engel,
die mit himmlischer Gestalt, auch eine himmlische Seele verbindet! Ich danke dem Schicksal,
das mich nach der Verbannung aus meinem
Vaterlande, nach der Irre, in welcher ich lang
in verschiedenen Ländern umherschweifte, Euch
und mit Euch Ruhe und Hofnung wieder finden
ließ. Werdet ihr großmüthig genug seyn, jetzt,
da ihr mich kennt, einem Vertriebenen die Hand
zu geben, der euch nichts als die Trümmern ehe-
maliger Hoheit anzubieten hat? Zwar auch diese
Trümmern sind nicht unbeträchtlich, aber was
sind sie gegen die Erwartungen, zu welchen Euch
Eure Schönheit und Eure Verdienste berechti-
gen? Das einzige, worauf ich jetzt, nächst Eurer
Beständigkeit, einige künftige Hofnungen zu bauen
habe, ist eine kleine Seemacht, die ich, unter
der Anführung meiner Freunde, an den norwegischen Küsten zurück ließ. Mit ihr und den
Ergebenen, die ich noch in meinem Vaterlande
habe, muß es mir glücken, mich erst zum Besitzer der Inseln zu machen, von denen ich mich

nenne, und dann von da meinen Arm noch weiter auszustrecken, ihn nach dem auszustrecken, auf
was ich ganz gerechte Ansprüche habe. O Agnes!
welch ein Gedanke, einst Größe und Hoheit mit
Euch zu theilen, von welchen ihr gegenwärtig
vielleicht nicht einmal eine Ahndung habt! Doch
wie? sollt ihr nach dem, was ihr jetzt von mir
hörtet, würklich nicht ahnden, wen ihr vor
Euch habt? wessen Glück ihr einst theilen werdet?

Agnes war so unschuldig, auf diese verfäng-
liche Frage geradezu mit Nein zu antworten;
auch sagte sie die Wahrheit. Die Geschichte,
die vielleicht keiner unserer Leser unter ihrer nicht
allzudichten Hülle verkannt haben wird, war in
den Zeiten, da sie geschah, so wenig nach allen
ihren Theilen durchgängig bekannt, als die Vorgänge unsers Jahrhunderts uns und unsern Zeit-
verwandten mit voller Deutlichkeit in die Augen
leuchten; unsre Enkel werden von denselben mit
mehrerer Richtigkeit zu sprechen wissen, als wir,
die wir das, was zu unserer Voreltern Zeiten
geschah, aus der Ferne besser beurtheilen, als
diese zu thun vermochten.

Agnes, die die größte Zeit ihres Lebens, in
gänzlicher Abgeschiedenheit von der Welt zugebracht hatte, war natürlicher Weise mit dem,
was außer ihrem Vaterlande vorging, noch un-
bekanntr als andere, sie konnte also ihr Nein

mit der vollen Wahrheit, welche jedes von ihr
gesagte Wort auszuzeichnen pflegte wiederholen;
sie hofte es sollte eine nähere Erklärung von
ihrem geheimnißvollen Liebhaber nach sich ziehen.

Die deutliche Nennung weniger Namen würde
hinlänglich gewesen seyn, ihr die Augen über
Dinge zu öfnen, von welchen das Gerücht damals viel sprach, aber diese erfolgte nicht, und
Agnesens Unwissenheit gab dem Herzoge nnr Gelegenheit, sich in noch glänzendere Wolken zu
hüllen, welche die unschuldige Gräfin in dem
Grabe verblendeten, wie sie der Mann, den sie
vor sich hatte, gern verblendet sehen wollte.

Alle Zweifel, die ihrem zarten Gefühl für
Ehre und strenge Moralität, bey der angehörten
Geschichte entgegen gekommen waren, wurden
durch die hinreissende Beredsamkeit des Auslegers
getilgt. Ihr Herz floß von Mitleid, Zuneigung,
selbst einer Art von Bewunderung gegen den
Helden des Romans über, der Theil seiner Geschichte, der noch in einer Art von Dunkelheit
lag, vermehrte das Interesse derselben, wie uns
dann immer das am meisten bezaubert, was wir
nicht ganz übersehen können. Jede Entwickelung noch übriger Bedenklichkeiten, jede Ersetzung
des Mangelhaften, das wir noch hier und da
erblicken, jeden vermehrten Reiz, den wir etwa
noch wünschen möchten, setzen wir in jene dunkle

Gegend, und erwarten volle Befriedigung, wenn diese einmal hell werden sollte.

Agnesens Liebhaber wußte ihr Herz noch von einer andern Seite fest zu halten, er zeigte sich ihr in der Gestalt eines Unglücklichen, die jeder Seele, welche der ihrigen gleich fühlt, weit interessanter ist, als der Schimmer von Glück und Größe. Er appellirte an ihre Großmuth, gab ihre Treue und Beständigkeit als das höchste Gut an, das ihm noch übrig sey, und nach dessen Verlust er sich an dem Rande der Verzweiflung sehen würde. Er schmeichelte zugleich mit unter ihrer Eitelkeit, und brachte sie dadurch ziemlich dahin, wo er sie haben wollte. Alle nachtheilige Eindrücke waren verschwunden, der Wunsch, ihm so viel erlittene Leiden vergessen machen zu können, wurde laut geäußert, und mit dem wiederholten Geständnisse, daß man nichts als Freundschaft für ihn übrig habe, verband sich das Versprechen, ihm diese zu leisten, so lange er derjenige blieb, für welchen man jetzt ihn zu halten geneigt sey.

Er hätte mehr gewünscht, aber Agnes hatte bey aller ihrer frommen Einfalt etwas Ehrfurcht gebietendes, wie hätte er es wagen sollen, seine Zweifel zu äußern, ob der alte Graf immer seine Vorliebe für ihn beybehalten würde, wie hätte er sich zu der Frage erkühnen sollen, ob auf dem Fall, daß dieser seine Meynung von ihm andere, auf dem Fall, daß hier Stürme wider ihn losbrächen, die er schon von Ferne drohen sah, Agnes Muth und Zuneigung genug haben würde, ihm heimlich aus dem Schooß ihrer Familie zu folgen? Mit einer solchen Frage, deren Beantwortung er voraussehen konnte, hätte er die unschuldige Seele auf einmal geschreckt, und sich alle Möglichkeit zu Ausführung der Plane benommen, die er auf den ärgsten Fall zu Befriedigung der rasenden Leidenschaft, mit welcher er die Gräfin verfolgte, im Stillen zu bilden begann.

Die einige Bitte, welche er zu thun wagte, und die ihm ohne Bedenken verwilligt ward, war Verschwiegenheit. Es schmeichelte Agnesens Eitelkeit, von welcher sie, wie der Leser bemerkt haben wird, einen guten Antheil besaß, von den Geheimnissen dieses großen interessanten Mannes mehr zu wissen, als jeder andre, es that ihrem Herzen wohl, sich des Vertrauens, dessen sie gewürdiget ward, würdig zu erzeigen, und sie schwur feyerlich, was ihr Freund feyerlich beschworen haben wollte.

———

Agnes hofte diese Nacht ruhiger zu schlafen, als die vorige, weil Zweifel von ihrem Herzen gewälzt waren, die demselben wehe thaten, aber

was hatte sie durch die Auflösung derselben gewonnen? Nichts, als die Gewißheit, daß sie
nun weder Recht noch Vorwand übrig habe,
ihre Hand demjenigen zu entziehen, den man ihr
zum Gemahl bestimmte; ein Gedanke, der ihr
mit Centnerschwere aufs Herz fiel, und jede
Hofnung auf Ruhe vernichtete, mit welcher sie
sich geschmeichelt hatte. Die unglückliche Gräfin, sie wußte im Grunde selbst nicht, was sie
wollte. Gebharden wollte, und mußte sie vergessen, die Hofnung auf das Kloster mußte sie
aufgeben, ihren sogenannten Freund wünschte
sie glücklich zu machen, und gleichwohl befiel sie
ein Schauer, wenn sie sich als seine Gemahlin
dachte, und alle ihre Wünsche strebten von
neuem nach dem Geständniß hin, wovon Sidoniens
Prophezeihnngen ihr sagten, sie müsse sich ihrer
begeben.

Ihre Angst ward vermehrt, als ihr am folgenden Tage von ihrem Oheim angedeutet
ward, sie müsse sich bequemen, dem Herzog
eilig und in der Stille die Hand zu geben; dieser räthselhafte Mann, der nicht wußte, wie hoch
die Verschwiegenheit derjenigen zu schätzen war.
der er einen Theil seiner Geschichte entdeckt hatte,
glaubte sich nach dieser Entdeckung der Enthüllung all seiner Geheimniß nahe. Er hatte Ursach zu glauben, der alte Graf von Mannsfeld
werde bey dem geringsten Schimmer von Licht

tiefer forschen, als seine unschuldige Nichte, und
da ihm überdem noch andere Stürme drohten,
so mußte er besorgen all seine Hofnungen auf
den Besitz des schönsten Mädchens ihrer Zeit
zu verlieren, wenn er sich desselben nicht schleunig versicherte; daher seine dringenden Bitten,
um die Vollziehung der Verbindung mit Agnes,
und daher die Weisung, die sie von ihrem
Oheim erhielt, sich auf den andern Tag geschickt
zu machen ihrem Verlobten die Hand vor dem
Altar zu geben.

Agnes fand sich nach einem durchweinten,
und unter tausend widersprechenden Gefühlen
durchkämpften Tage zur Nachtruhe, so wenig
geneigt als gestern und ehegestern; sie mochte
auf dem Lager das nicht suchen, was sie daselbst
nicht zu finden hoffen konnte, sondern beschloß
ausser dem Bette zu bleiben, und die nächtliche
Stille zu einem Briefe an Sidonien zu nützen.
Sie fand diesen Brief nöthig, da sie nach der
traurigen Ceremonie, die ihr auf morgen bevorstand, nichts vor sich sah, als daß sie ihrem Gemahl nach seinem Vaterlande werde folgen müssen, ohne vielleicht je Gelegenheit zu haben,
ihrer Freundin von sich einige Nachricht zu
geben.

Sie setzte sich zu schreiben, aber wovon sollte
ihr Brief handeln? Ihr Herz floß von Gefühlen, von kummervollen Gedanken über, die sie

gern in einen freundschaftlichen Busen ausge-
schüttet hätte, aber alles, was sie am meisten
beunruhigte, betraf Dinge, die sie zu verschweigen geschworen hatte. Sie schüttete Klagen im
Allgemeinen auf das Papier, sprach von ihrer
nahen Vermählung, von Trennung und unge-
wissem Schiksal, weinte dazwischen, und, verlor sich oft so in Gedanken, daß sie wie halb
außer sich dasaß, das Geschäft, das sie vor sich
hatte, ganz vergaß, und nicht einmal gewahr
ward, wie die Kerzen, die ihr Zimmer erleuchteten, nach einander ausgiengen, und die trübe
Morgendämmerung durch die Fenster herein
brach.

Aus ihrer Träumerey ward sie auf einmal
durch ein Geräusch, das die horchende Stille
unterbrach, aufgeschrekt. Es rauschte etwas an
der Seitenthür; sie öfnete sich, eine weiße Gestalt gleitete durch das Zimmer, und blieb ihr
gegenüber in einiger Entfernung stehen.

Wer bist du? rief Agnes, die sich, nicht ganz
frey von Gespensterfurcht, zitternd ein wenig von
ihrem Sitze erhob, und nicht wußte, ob sie
bleiben oder fliehen sollte.

Wer ich bin? antwortete eine weibliche Stimme. Ich gebe dir diese Frage zurück: bist du
Agnes von Mannsfeld, die Braut des Herzogs
der orkadischen Inseln?

Die bin ich!

Hüte dich etwas mehr zu werden, ich bin seine Gemahlin! — Wie? du zitterst? ist dirs verborgen, daß er dir kein freyes Herz zu schenken hatte?

Ehebündnisse können gelößt werden, wenn Untreue dazu Ursach giebt.

Untreu? Ja wohl die schwärzeste Untreue von seiner Seite, ich bin Johanne Gordon, die er um Marien verließ. Marien schützt nicht ihr Unglük, nicht ihr königlicher Stand, daß er sie nicht der Leidenschaft für dich aufopfern sollte.

Königlicher Stand? — Von wem sprecht ihr?

Von Marien, Königin von Schottland, und Lord James Bothwell, ihrem Verführer.

Bothwell? wie kommt der verruchte Bothwell, der Mörder seines Königs, hieher?

Kennst du den nicht, mit welchem du im Begriff bist, dich auf ewig zu verbinden?

Der Herzog? Bothwell?

Agnes? ich könnte dich hassen um der Reitze willen, die mir zum zweyten mahl das Herz meines Gemahls raubten, aber deine Unwissenheit erregt mein Mitleiden. Gestern, als ich ihn so mit meiner Erscheinung erschrekte, wie ich dich erschrekt habe, rühmte er sich dir alles entdekt zu haben — —

Er hat, er hat mir viel entdekt, aber dieses nicht! Nein, der Herzog ist nicht jener Mörder, zu dem du ihn machst! etwas ähnliches kommt

in seiner Geschichte vor, aber er ist unschuldig,
seinen Nebenbuhler tödtete das Feuer des Himmels —

Das Feuer des Himmels? — O des Ge-
dichts! Das Feuer brach aus den unterirrdi-
schen Schlünden hervor, in welche er es verborgen hatte, damit die Wunden des ermordeten
Königs nicht wider ihn zeugen, damit der Name
Meuchelmörder ihn nicht um den Genuß der
Liebe in den Armen einer leichtsinnigen Königin
betrügen möchte!

Königin? — Ihr beharrt dabey? — O ich
bitte euch, sagt, ob ich dieser schreklichen Entwickelung all meiner Zweifel trauen kann?

Du kannst, ich schwöre dirs bey dem heiligsten was ich zu nennen weiß!

Gott! Gott! — aber wie soll ich mich seinen
Armen entreissen?

Entdecke ihn denen, welche über dich zu ge-
bieten haben!

Kann ich dieses? versiegelte er nicht meine
Lippen mit den heiligsten Eiden?

So fliehe!

Wohin? auf was für Art?

Fliehe mit mir! Zufrieden den Verbrecher,
an welchem ich längst kein Theil mehr zu haben
wünschte, ein wenig erschüttert, zufrieden noch
einigen andern ausser dir, über ihn die Augen
geöfnet zu haben, verlasse ich dieses Land, und

willst du mich begleiten, so bringe ich dich an
jeden Ort den du wählen wirst. Mir wird es
Trost seyn, eine Unschuldige gerettet, und süße
Rache, jenem Elenden ein Opfer seiner Bosheit
entführt zu haben. — Du zögerst? — Eile,
Eile! hier keine weiten Rükssichten! der Tag
bricht an! wir werden verrathen! Willst du ge=
rettet seyn, so folge, wo nicht, so bleib, um,
es sey, auf welche Art es wolle, in die Hände
deines Verfolgers zu fallen, und in den näch=
sten Monaten die Zahl seiner Verlassenen zu
vermehren.

In seine Hände fallen? Gott in seine Hände
fallen? wie meynt ihr das? rief Agnes mit ge=
rungenen Händen, ich denke, wenn ich meinem
Oheim entdecke, was ich jetzt aus Eurem
Munde erfuhr — —

Thörin! — Er wird Mittel wissen, dich all
deinen Beschützern zum Trotz in seine Gewalt
zu bekommen! — Ist dir gewisse Rettung lieb,
so folge mir; jetzt in diesem einigen Augenblik
ist sie noch möglich.

Lady Gordon, öfnete bey diesen Worten die
Thür, und trat hinaus. Agnes halb ausser sich,
folgte ihr mit zitternden Schritten, sie zögerte
unterweges, aber ihre Führerin strekte die Hand
nach ihr aus, und zog sie halb mit Gewalt mit
sich fort, durch den Garten nach einer Thür,

durch welche sie sich herein geschlichen hatte, und wo ein Wagen mit einigen Bedienten auf sie wartete, der sie und ihre schöne Beute aufnahm, und wie im Fluge davon führte.

———————

Alles was die Engländerin gethan hatte, hatte Rache zum Grunde. Rache hatte sie aus ihrem Vaterlande herüber gebracht, einen Mann zu verfolgen, der, so lange er unter dem Schutz der Königin lebte, für ihre Rache zu hoch war, und den sie nun, da das Unglük von allen Seiten über ihn herein brach, erst zu erreichen hoffen konnte. Bey der Flucht aus seinem Vaterlande, war sie immer wie ein Rachgeist hinter ihm, gewesen, nicht sein Tod war es, was sie suchte, nur die weit quälendere Vernichtung all seiner Anschläge.

Die Schiffmacht, deren er sich gegen die leichtgläubige Agnes rühmte, einige Galeeren, mit denen er einige Zeit lang das Handwerk eines Seeräubers getrieben hatte, gerieth an den norwegischen Küsten in die Gewalt seiner Verfolger, und er ward ihr Gefangener. Hier hatte Lady Johanne Gordon, auf einige Zeit, die Spur des Unglüklichen, den sie verfolgte,

verloren, bis sie zuverläßige Nachricht erhielt,
er sey seinen Fängern entkommen, und lebe unter erdichtetem Namen, bald an diesem bald an
jenem Hofe. Zu Presburg hatte sie ihn getroffen, und war ihm nach Wien nachgereist. Fast
unglaublich war es ihr, wie er hier vor den
Augen des englischen Gesandten unentdekt bleiben konnte, allein die Königin Elisabeth hatte
nicht überall treue Diener, und Lord Bothwell
fand nicht überall die erbitterten Feinde, die
seinen Untergang suchten. Laby Gordon öfnete
denen, die nicht sehen wollten, mit Gewalt die
Augen, erschien hierauf ihrem ehemahligen Gemahl, und rührte, wie sie gewohnt war, mit
Flammenworten sein Gewissen, und flog denn
zu Agnes, um hier das nehmliche zu thun.
Dolche waren schon bereit, sich an der verfüh-
rerischen Schönheit zu rächen, hätte sie sie mit
Bothwells Liebe einverstanden gefunden, aber
ihre Unschuld entwafnete sie, und die fromme
Leichtgläubigkeit, die aus jedem Worte der jungen Gräfin sprach, gab ihr, indem sie mit ihr
redete, Plane zu noch ausgesuchterer Rache in
den Sinn.

Bothwell sollte das Unglük, das sie ihnen
bereitet hatte, bey Tropfen schmeken. Der englische Gesandte, vielleicht um ihm Zeit zur Flucht
zu lassen, hatte seine Verhaftnehmung erst auf

den dritten Tag bestimmt; damit der dazwischen
liegende Zeitraum an Kränkungen nicht leer
wär, beschloß jene Rachgöttin, er sollte an demselben seine Braut vergebens am Altar erwarten, ihre Flucht vernehmen, und durch das
Schrecken über diesen Streich unfähig gemacht
werden, dem nächstfolgenden auszuweichen.

Ihre Rache glückte, aber doch nur halb.
Das schwerere Theil derselben, die Verzweiflung, das Mädchen, das er anbetete, aus den
Armen gerissen zu sehen fiel des andren Tages,
da Agnes in dem Hause ihres Oheims vermißt
ward, mit all ihrer fürchterlichen Macht auf
Bothwell, aber sie machte ihn nicht unfähig,
dem zweyten Schlag, den er hier vermuthen
konnte, aus dem Wege zu gehn. Die Entführung der jungen Gräfin, bey welcher er die
Hand seines eifersüchtigen Weibes nicht verkennen konnte, machte ihn aufmerksam. Lady Gordon, hatte sich ihm gestern mit aller quälenden
Beredsamkeit eines beleidigten Weibes gezeigt;
er hatte die Vorwürfe, die Drohungen aus ihrem Munde gehört, die sie überall, wo sie ihn
ereilen konnte, über ihn auszuschütten gewohnt
war; er wußte, daß diese Erscheinung allemal
für ihn Vorbote eines nahen Sturms war; er
konnte denken, daß ihn des nächsten Tages hier
jedermann, unter dem verhaßten Namen des
Grafen Bothwell kennen würde; daß der englische

Minister gezwungen, die Augen über ihn würde öfnen müssen, und er hielt Flucht für das Beste.

Unter dem Vorwande, seiner geraubten Braut nachzueilen, trennte er sich von dem alten Grafen von Mannsfeld, der ihn mit Thränen eines Vaters von sich ließ. Ach er wußte nicht, wie bald er die günstigen Verurtheile für einen glänzenden Verräther würde zurücknehmen müssen, und dieser hatte nicht Unverschämtheit genug, sich dem ehrwürdigen Greise, als der bekannt zu machen der er war. Bothwell war noch nicht verworfen genug, um hier gar nichts zu fühlen. Seine Thränen flossen an dem Halse des alten Grafen, der ihn tausendmal seinen Sohn nannte, und die Zeit glücklicher Wiederkunft herbeywünschte; Thränen reuiger Wehmuth, den Namen nicht zu verdienen, der ihm hier gegeben ward! — O hätten geschehene Dinge ungeschehen gemacht, hätten die Zeiten zurück gebracht werden können, da Bothwell weder Johanne Gordon noch *) Marien kannte, wäre er wieder der schuldloße tugendhafte Mann gewesen, der er damals seyn mochte, ehe sträfliche

---

*) Es ist unmöglich, die hier eingewebten Geschichten anders als mit Voraussetzung zu erwehnen, daß sie jedem bekannt sind. Das vornehmste davon ist in Buchanan und Richardsons Geschichte von Schottland zu finden.

Liebe ihn zum Verbrecher machte, als der Sohn eines Mannes wie Mannsfeld, in den Armen eines Weibes wie Agnes hätte er geglaubt, tugendhaft, und ohne Rücksicht auf Macht und Größe glücklich seyn und bleiben zu können.

Dieß ist der Wahn jedes Lasterhaften, wenn er den guten Weg, den er hätte gehen können, von fern erblikt. Er flucht auf das Schicksal, das ihn, wie er lästert, in Verhältnisse setzte, wo er unvermeidlich elend werden mußte. Er versucht in Gegenden, wo man ihn ncht kennt, seine Verbrechen durch geänderte Lebensart zu tilgen, die Rache eilt ihm nach und vereitelt seine Plane. Er mag nun nichts mehr von Rückkehr zur Tugend wissen, weil ihm ihre Maske, in der er sich eine Zeitlang wohl gefiel, entrissen wurde; er giebt alles auf, und beginnt von neuem den Weg zum Abgrund, von welchem er sich durch einen Schimmer von Glück und Tugend getäuscht, auf Augenblicke entfernte.

Eine große Frage ists, ob ein Mann, wie dieser, wenn Plane ihm glückten, wie diejenigen, welche hier zernichtet wurden, auf dem bessern Wege bleiben, oder zu gewohnten Vergehungen zurückkehren würde; wir wissen sie nicht zu beantworten, und kehren zu Agnes zurück.

Gebhard. 1. Th.   M

Während der unglückliche Bothwell eine Zeitlang der Spur seiner geraubten Geliebten folgte,
und denn die Hoffnung auf ihre Wiedererlan-
gung der Sorge für eigene Sicherheit aufopferte, während man in Wien, da der Verhaftsbe-
fehl wider ihn nicht länger aufgehalten werden
konnte, die Augen über den bisher durchgängig
bewunderten Fremden aufthat, setzte sie nebst
ihrer Gefährtin ihren Weg ununterbrochen nach
der Gegend fort, die sie sich zu ihrer Sicherheit
gewählt hatte.

Lady Gordon schlug ihr vor, sie nach England
zu begleiten, und versprach ihr eine Stelle in
dem Frauenzimmer der Königin Elisabeth, wo
sie selbst sich engagirt hatte; aber Agnes wünschte nichts als das Kloster. Nur gezwungen
hatte sie diesen Wunsch bisher um eines Mannes willen aufgeben müssen, für den sie nie etwas anders gefühlt hatte, als Mitleid und
Freundschaft; jetzt da Johannens Unterhaltungen sie diesen Mann verabscheuen lehrten, jetzt
da mit Gebhards mühsam unterdrückten Andenken, auch die Ueberzeugung zurückkehrte, daß dieser auf ewig für sie verloren sey, daß die weiteste
Entfernung von ihm immer die beste seyn würde, jetzt ward ihr Entschluß fest, sich an dem
Ort zu verfügen, den sie vor allen andern zu
Erreichung ihrer Entzwecke am geschicktesten
hielt.

Sie hatte zu Preßburg eine ungarische Dame kennen gelernt, welche nebst ihrer Tochter, einer jungen sehr unglücklichen Witwe auf dem Wege war, in ein Kloster ihres Vaterlandes zu gehen, und daselbst durch Andacht, das Gefühl unheilbarer Schmerzen zu lindern. Auch Agnes litt jetzt an unheilbaren Wunden, ihr Glaube an Menschentugend war verletzt, weil der bewunderte Herzog der orkadischen Inseln, den sie ihrer Freundschaft gewürdiget hatte, ein Bösewicht war. Ihr Glaube an Menschenglück war dahin, sie selbst war sich ein Beyspiel, wie wenig Tugend von irrdischen Freuden zu hoffen hat; bey solchen Gefühlen seufzte sie da zu seyn, wo jene Leidenden Trost suchten, die Einrichtung des ungarischen Klosters, die sie von ihnen erfahren hatte, paßte zu ihren Wünschen, die Aufnahme in daselbe war etwas kostbar, aber ein Diamant von großem Werth, ein Geschenk des Kaisers, daß sie bey ihrer unvorhergesehenen Entweichung von ungefähr am Finger trug, hob diesen Zweifel, und machte sie entschlossen, keinen andern Aufenthalt zu wählen, als den, der sie weit genug von dem Schauplatz verdrüßlicher Abentheuer weit genug von Gebhard, Sidonien und dem Haus ihrer Verwandten entfernte.

Sie glaubte ihren guten Ruf durch die letzte Begebenheit verletzt, und sie irrte nicht ganz.

Ihre Entweichung ward sehr verschieden gedeutet, nur ihr Oheim und dessen edle Gemahlin beurtheilten dieselbe richtig, aber ohne ihre Ueberzeugung der grossen Welt mittheilen zu können, die sich freute an einer so ausserordentlichen Person, wie die bewunderte Gräfin von Mannsfeld, Flecken gefunden zu haben, und ungern etwas von ihrer Entschuldigung hören wollte.

Indessen Agnesens ehrwürdige Verwandten durch den angefangenen Brief an Sidonien, den man auf ihrem Schreibpult mitten in einem Worte abgebrochen liegen fand, überführt wurden, daß hier Gewaltsamkeit oder irgend ein unvorhergesehener Zufall zum Grunde liegen müsse, indessen sie aus allen Umständen sahen, daß der nun entlarvte Graf Bothwell hieran keinen Theil haben könne, flüsterten sich Agnesens Feindinnen ins Ohr, eben dieser Bothwell, eine Eroberung, die man ihr noch vor kurzem beneidete, sey ihr Entführer, und sie theilte vielleicht willig das Schicksal des Vertriebenen, den man nun so sehr herabwürdigte, als man ihn vorher in thörigter Verblendung erhoben hatte.

Was die Welt von Bothwell sagte, hörte Agnes täglich aus Johannens Munde. Ist möglich Verbrechen wie die Seinigen, noch schwärzer zu schildern, als sie würklich sind, so vermochte dieses der Mund seines rachsüchtigen Weibes, die in der Schule der Rache, Italien erzogen, nur zur Hälfte eine edle Brittannierin, alles Gift über seine Handlungen ausströmte, das aus dem Pful der Hölle hervorquellen mag.

Die unschuldige Agnes weinte, die Menschheit so herabgewürdigt zu sehen. Lady Gordons Erzählungen beleidigten ihr Ohr, und sie trennte sich an der Pforte des nun erreichten Klosters von ihr, ohne eben den Wunsch zu hegen sie jemals wieder zu sehen.

———————

Hier war es, wo neue Auftritte ihrer harrten, die wir, von entfernter liegenden Begebenheiten ihres verhängnißvollen Lebens angezogen, dem Leser, so viel als möglich ins Kurze gebracht, liefern müssen.

Agnes fand in den heiligen Mauern die Gräfin Palfy und ihre Tochter, (die beyden Damen, deren wir im Vorhergehenden gedachten), fand in ihrem Umgang den Trost, den eine verwundete Seele immer bey denen findet, welchen ihre geheimen Schmerzen ganz unbekannt sind, in deren Armen sie sich dem Schlummer der Vergessenheit ganz überlassen kann. Dies alles fand sie in ihrem Kloster, aber Sicherheit von neuen Tücken des Schicksals fand sie nicht.

Wir haben im vorhergehenden des Fürsten
Bathori gedacht, der dem Leser als der Dritte
von Marianus astrologischen Schülern noch vielleicht im Gedächtniß seyn wird, und es kommt
die Zeit, da sich seine Geschichte wieder ein wenig mit der unsrigen verflicht.

Dieser Prinz durch Temprament und einge-
sogene schwärmerische Grundsätze, ein hartnäcki-
ger Feind seines eigenen Glücks, war jetzt bereits dahin gekommen, daß er nicht mehr wußte,
wo er Befriedigung seiner durch mancherley
Träume, unabläßig hin und hergeworfenen
Seele finden sollte. Wie viel hatte er schon
durch Argwohn, Wankelmuth und Voreiligkeit
verloren! Er konnte jetzt eine Krone tragen,
konnte der Gemahl einer der schönsten Prinzeßinnen ihrer Zeit, der Prinzeßin Margaretha von
Pohlen seyn, wenn er den Lauf seines Schicksals so ruhig folgte, als andere Sterbliche ihm
zu folgen pflegen. Er störte das Glück, das
ihm der Himmel beschieden hatte, durch aber-
gläubische Grillen, und verkannte die Stimme
des Warners, den ihn der Weise zugesellt hatte
ganz und gar.

Dies war vorüber, und konnte vergessen
werden. Noch war er Fürst von Siebenbürgen,
noch war der Kaiser sein Freund und sein Schutz-
herr, noch blühten für ihn die schönen Töchter
seines Vaterlandes, und er konnte durch die Ver-

binbung mit einer vornehmen Tranßſſlvanierin,
ſein Anſehen und ſeine Macht unerſchütterlich
befeſtigen. Auch dieſe Vortheile verkannte er.
Sein Fürſtenthum war für ſeine unerſättlichen
Wünſche zu klein. Dem Türken war nach ſeinem Wahn ehe zu trauen als dem Kaiſer, und
er verließ dieſen, um ſich mit jenem zu verbinden. In Anſehung der Liebe, hatte er noch be-
ſondere Grundſätze. Jedes Herz, deſſen Erlangung ihm das Schikſal auf leichten Wegen zeigte, war, ſo meynte er, ſeiner unwerth, und die
Sterne mußten ſich ſelbſt in die Wahl einer Gemahlin des Fürſten von Siebenbürgen miſchen, wenn
er durch ſie glüklich zu werden hoffen ſollte.

Bathori war nicht ſo wie andere Menſchen,
welche den Flecken ihres Charakters, den ein jeder hat, kennen und zu bergen wiſſen; er trug
den ſeinigen zur Schau, und nicht ſo bald war
es ruchbar in ſeinen Landen, welches die ſchwache Seite des Fürſten war, als ſich von allen
Seiten Betrüger einfanden, derſelben auf ſeine
Koſten zu ſchmeicheln. Aſtrologen, Alchymiſten,
Zauberer und Schwärmer erfüllten ſeinen Hof,
einer wußte ihn immer beſſer zu täuſchen als der
andere, und er war nach der Reihe der Betro-
gene von allen.

Dermalen führte ein Sternbeuter das groſſe
Wort, der, weil er ſich für einen Schüler des
groſſen Marianus Schott ausgab, und durch

Bilder aus den schönsten Jahren des Fürsten, aus den Lehrjahren im spanischen Augustinerkloster herbeygeholt, seiner Phantasie lieblich zu schmeicheln wußte, Hofnung hatte, die Epoche seines Glüks weiter auszudehnen als alle seine Brüder. Sein Kunstgriff war, den Fürsten immerdar in überirdischen Ideenwelten zu erhalten, und ihm dadurch Beschäftigung, so wie sich Muse genug zu verschaffen, danieben ungehindert und ungestraft zu schalten wie es ihm recht däuchte. Während Bathori sich mit den Sternen besprach, übte der Astrolog, und durch seine Nachsicht die übrigen Meister der geheimen Wissenschaften, ihre Künste weit glüklicher als unter den Augen des Fürsten, und besonders die Alchymisten machten eine so verwundernswürdige Menge Gold zu eigenem Gebrauch, als er, ein besonderer Liebhaber dieser Kunst, nie in ihren Schmelztiegeln hatte finden können.

Die himmlischen Regionen gaben dem verblendeten Fürsten indessen nicht allemal Unterhaltung genug, daß nicht zuweilen zu ungelegner Zeit einer seiner Blicke auf die Erde hätte fallen sollen; welche Einbildungskraft, sie sey auch noch so feurig, kann sich immer in gleichem Fluge erhalten? Bathoris Diener sannen drauf, ihrem Herrn auch in den Stunden geistlicher Ermattung Zeitvertreib zu schaffen, und der Astrolog, unter allen der weiseste, fiel auf

die Liebe. Er kannte das Temprament seines
Fürsten hinlänglich, um von ihm, der nie ernstlich geliebt hatte, Wunder zu erwarten, wenn
einst ein Gegenstand, der seiner schwärmenden
Phantasie auf alle Art schmeichelte, Eingang zu
seinem Herzen finden sollte. Aber hierzu ward
viel erfordert; nicht nur Schönheit der Person,
sondern auch ein Zusammenfluß von romanhaf-
ten Umständen, beym ersten Anblik so wohl, als
bey der Erlangung ihres Besitzes, die dem Ganzen das Ansehn eines überirrdischen Abentheuers
gaben.

Der Astrolog machte Pläne, alles zu bewür-
ken, was ihm nöthig dünkte, und dabey noch
einige Nebenabsichten auszuführen, die ihm von
Personen, in deren heimlichen Sold er stand,
nachdrüklich waren empfohlen worden. Der
Fürst von Siebenbürgen lebt, wie wir schon
vorher gedacht haben, in genauem Schutz und
Trutzbündniß mit Sultan Mahomed, der diese
Verbindung um so viel lieber annahm, weil er
von ihr Gelegenheit hofte, mit den übrigen eu-
ropäischen Mächten seinen Feinden anzubinden.
Eine solche Gelegenheit herbeyzuführen, hatte
Sultan Mahomeds Söldner, der Astrolog, lang
vergeblich gestrebt, jetzt glaubte er sie gefunden
zu haben, und er eilte, sie in seinen Plan zu
benutzen.

Dicht an den Gränzen von Siebenbürgen lag

ein ungarisches Frauenkloster, das, nach der Berechnung des Astrologen, viel Schönheiten enthalten mußte. Durch den Anblik einer derselben Bathoris Herz zu rühren, war sein Anschlag. Liebe mußte Wunsch des Besitzes nach sich ziehen, Erschwerung desselben erzeugte verneuten Eifer, oder vielmehr, in einem Gemüth wie des Fürsten, Wuth sich das Verlangte zu erringen. Raub an einem Kloster begangen konnte ihm wenig Bedenken machen, denn Bathoris Religiosität ging eben nicht bis zum Uebermaß. Das Kloster lag auf fremden Grund und Boden, die Rechte seines eigenen Landes wurden durch Entweihung desselben nicht gekränkt, aber die durch diese That gereizten Ungarn konnten Unruhen erregen, welche dem Fürsten Gegenwehr abnöthigten, dem Sultan Gelegenheit gaben, seinen Bundsverwandten beyzustehen, und dem Waffenstillstand mit den Christen ein Ende zu machen, der ohnedem bald verlaufen war, und welchen am ersten zu brechen, er vor Verlangen brannte.

Der Plan war da, und seine Ausführung war bey dem Astrologen nicht in ungeschikten Händen. Die Sitten des ungarischen Klosters, auf welches er sein Augenmerk gerichtet hatte, waren nicht allzustreng, ein frommer Mahler, welcher schöne Gesichtszüge kopirte, um Heiligenbilder damit auszuschmücken, fand leicht Zutritt.

Keine der Ordensdamen war, die sich nicht gern
unter dem Namen einer Madonne, oder einer
heiligen Katharina von Siena in einem Betzim=
mer adorirt gesehen hätte. — So gewann der
Abgeschikte des Astrologen eine große Samm=
lung mittelmäßiger und einiger schönen Gesich=
ter, bey welcher doch noch die beyden schönsten
fehlten.

Das Kloster, in welchem er arbeitete, war
das nehmliche, welches der Gräfin Palfy nebst
ihrer schönen Tochter, und unserer Agnes zur
Zuflucht diente; noch hatte er die beyden jun=
gen Damen nicht gesehen, aber ein Zufall brachte
sie vor sein Gesicht, und zeigte ihm in ihnen,
was er bisher noch hier vergebens gesucht hatte,
Reize, welche das Herz des Fürsten unmöglich
verfehlen konnten.

Die Klosterfrauen hatten ein Auge auf die alte
Gräfin Palfy geworfen; sie war fromm, sanft,
gutmüthig, reich und von einem großen Ge=
schlecht, nach dem Ableben ihrer hochbejahrten
immer schwächer werdenden Aebtißin, konnte
niemand die erledigte Stelle besser ersetzen als
sie. Wünsche dieser Art jetzt schon deutlich zu
äussern, würde unzeitig und beleidigend gewesen
seyn, aber ihr vorläufig durch einen Beweis
vorzüglicher Achtung ein Kompliment zu machen
war erlaubt, und konnte gute Folgen haben.
Die klügste und vornehmste unter der Schwe=

sterschaft that den Vorschlag, der Konvent willigte ein, und der Mahler ward gedungen, die Apotheose der heiligen Eulalia zu fertigen, einer Dame, welche, als sie zu der himmlischen Glorie gelangte, ohngefähr in den Jahren der Gräfin Palsy gewesen seyn mochte, und zu deren Bilde sie also füglich sitzen konnte.

Die Gräfin lächelte ein wenig zu dem Opfer, das man ihrer Eitelkeit brachte, der Mahler ward zugelassen, und es traf sich einmal von ungefähr, daß er die beyden jungen Gräfinnen im Kabinet der künftigen Aebtißin fand. Er erstaunte über den Anblik so vieler Reize, er glaubte nichts ausgerichtet zu haben, wenn er nicht auch diese beyden himmlischen Gesichter mit aus dem Kloster brächte. Nicht arm an Einfällen und erfahrner in der Heiligengeschichte als wir, erwies er den Nonnen, St. Eulalia habe zwo Töchter gehabt, die an ihrer Seite nicht fehlen dürften, wenn das Bild vollkommen werden sollte. Agnes und ihre Freundin, die weit weniger begierig waren, sich durch den Pinsel eines Mahlers verewigt zu sehn, als die Klosterschönheiten, bequemten sich erst nach vielen Bitten zu dem, was man von ihnen forderte, und würden es gar nicht gewährt haben, hätten sie ahnden können, wie viel Verdruß die Kopie von ihren Reizen, die der arglistige Künstler

mit auß dem Kloster brachte, der einen von ihnen zuziehen würde.

Der Astrolog erstaunte, als er das Bild der
schönen Töchter St. Eulaliens erblikte, nie hatte
er die ganze Fülle weiblicher Reize so gleich in
zwo verschiedenen Gestalten gesehen, als hier.
Ward Barthori hier nicht besiegt, so war sein
Herz ein Demant; entweder die sanfte blauäu-
gige Maria Palfy mußte ihn fangen, oder die
hochgebildete Agnes mit dem Rabenhaar, und
dem schwarzen feuervollen Auge, dessen Ausdruk
durch die Sanftmuth der himmlischen Seele,
welche aus denselben blikte, minder blendend,
aber desto besiegender gemacht ward.

Es war sonderbar, daß dem Fürsten Bathori
von diesem Augenblicke an die Gestalt der Töchter Eulaliens, die er sonst nie gesehen hatte,
überall entgegen kam. Zuerst erblikte er sie in
einem magischen Kristallspiegel, den der Astrolog von seinem Lehrer Marianus Schott erhalten haben wollte; denn sah er sie in unterschiedlichen Gesichten, und unzählige Träume gaukel-
ten noch, was er wachend, und wahrscheinlich
ohne Wunderwerk gesehen hatte. Immer entschied sein Herz für die majestätische Brünette.
Der Astrolog und die Sterne wurden zu Vertrauten der neuen Liebe gemacht, und beyde sollen Rath geben, was in dieser Sache, die dem
bezauberten Fürsten immer dringender ward, zu

thun fey; nur den Namen, nur den Aufenthalt
feines fchönen Traumbildes wollte Bathori wif=
fen, von dem ihm der Aftrolog aus den Sternen
erwies, daß es das Bild einer jetzt lebenden,
für feine Wünfche nicht unerreichbaren Perfon fey.

Den Namen der Gräfin von Mannsfeld wußte
der Aftrolog nicht, wie hätten ihn alfo die Ster=
ne wiffen follen? defto deutlicher aber redeten fie
von ihrem Aufenthalte, von undurchdringlichen
Mauern, die fie verfchloffen, von unüberfteig=
lichen Hinderniffen, die hier zu überwinden
wären, und von zwanzig andern Dingen, wel=
che das Verlangen des Fürften aufs höchfte
fpannten, und ihn zu allen bereit machten, was
er zu Eroberung eines folchen Schatzes zu thun
hatte.

* * *

Bathori war genug gereizt, um alles von ihm
erwarten zu können. Die Sterne nannten —
noch nie hatten fie fo deutlich gefprochen — den
Namen des Klofters, das die fchöne Agnes ein=
fchloß. — Der Fürft befand fich in einem Tau=
mel von Entzücken, der ihm alles unmögliche
als möglich vorftellte. Der Aftrolog warnte, aber,
wie er wünfchte, er ward diesmal nicht gehört,
und fchon der andre Tag fahe den verliebten
Schwärmer an der Spitze von taufend Reifigen

den Zug wider das Kloster beginnen, wohin ihn
die heilige Sternkunde wies.

Die Geschichte sagt nicht, auf was für Art
der Fürst von Siebenbürgen sein Werk, die Eroberung der schönen Agnes, begann, ob durch
gütliche Unterhandlung mit den Klosterfrauen,
oder so, wie der Astrolog und Sultan Mahomed gewünscht haben würden, mit Gewalt;
genug, Agnes ward aus den Armen ihrer Freundinnen gerissen, und sah sich auf einmal in der
Gewalt eines Menschen, dessen Liebe Wuth,
dessen Anbetung Raserey war.

Schlimmer hätte das Schicksal wohl nicht an
ihr handeln können, als es hier dem Anscheine
nach geschah, und doch ward das, was zu ihrem Unglük abzuzielen schien, Mittel, sie Auf-
triten entgegen zu führen, welche, wenn auch
ihre Folgen gefährlich waren, sie doch auf einige
Zeit glücklich machten.

Karl Truchseß, der treue Freund, der, nachdem er von Agnesens Liebe zurückgewiesen worden war, doch sein Auge nicht von ihr wenden
konnte, für ihre Sicherheit zu wachen, er, der
durch genaues Forschen belehrt, den ersten Schritt
that, ihr den Grafen Bothwell verdächtig zu
machen, er konnte bey ihrer nachmaligen Entweichung mit Lady Gordon nicht kaltblütig still
sitzen. Er war der erste, der die Fußstapfen der
Fliehenden aufsuchte und sie fand. Von einigen

erkundschafteten Umständen getäuscht, sah er in diesem plötzlichen Verschwinden der Gräfin von Mannsfeld nicht freywillige Flucht, nein, gewaltsame Entführung. Bothwells eifersüchtige Gemahlin, so viel brachte er am Ende deutlich heraus, war das Werkzeug derselben gewesen, sie hatte Agnesen in ein entlegenes Kloster gebracht, wo niemand ihrer Freunde sie suchen oder vermuthen konnte, und auf welches, so wähnte Karl, unmöglich ihre eigene Wahl gefallen seyn konnte. All dieses zusammen genommen stellte ihn seine Freundin als eine Bedrängte, von der Eifersucht zu ewigen Fesseln bestimmte, vor, und erregte in ihm den Entschluß, Blut und Leben zu ihrer Rettung zu wagen.

Seine Leute, von deren Treue er alles erwarten konnte, lagen schon seit drey Wochen in den benachbarten Gegenden des Klosters, zwischen Wäldern und Gebirgen versteckt, bereit, auf den ersten Wink ihres tapfern Anführers, alles zu wagen, was er zu Ausführung seiner Anschläge nöthig hielt. Karl war auf den ärgsten Fall zum äußersten entschlossen, doch wollte er anfangs behutsam gehen, wollt erst Erkundigungen von dem Innern des Klostes einziehen, und da er nun keinen so schlauen Diener in seinem Solde hatte, wie der Astrolog, so gieng dieses freylich ein wenig langsam.

Schon hatte er sich, da er mit seinen andern Anschlägen nicht von der Stelle kam zum gewaltsamen Angrif des Klosters entschlossen, als einer seiner Spionen, die unabläßig die heiligen Mauern umschlichen, ihm athemlos die Nachricht brachte, eine Dame, an Gestalt der Gräfin von Mannsfeld nicht unähnlich, sey von einem Trupp Gewafneter diesen Morgen aus dem Kloster geführt worden. Karl fragte nach näheren Umständen, und er erfuhr die Zahl seiner Gegner, und den Weg, den sie wahrscheinlich nehmen würden; die erste schreckte ihn ein wenig: Tausend Mann waren Bathoris Begleiter, und er konnte ihnen nicht die Hälfte so viel entgegen setzen. — Doch der Weg in den Gebürgen war eng, List und gute Kenntniß der Gegend konnte hier vielleicht ausrichten, was Gewalt nicht vermochte. Doch auch diese Hofnung täuschte ihn; er lauerte mit seinen zusammengezogenen Leuten den ganzen Tag vergebens auf die schöne Beute, die hier vorüberziehen sollte, und kehrte am Abend voll Unmuth nach seiner Herberge, einer Felsenhöle, zurück, die er nun fürchtete, bald unverrichteter Sache verlassen zu müssen, weil der Endzweck seines Hierseins ihm immer mehr verrükt ward.

Fast hatte er seine dunkle Wohnung erreicht, als er aus dem Gebüsch drey Reuter sprengen sahe, die ihm verdächtig schienen. Er ließ sie

Gebhard. 1. Th.   N

anhalten, und es ward zu scharfer Befragung
geschritten. Was er von ihnen erfuhr, und was
ihn, fast ohne Schwerdschlag, in den Besitz seiner Freundin Agnes setzte, war in wenig Worten ohngefähr das, was wir unsern Lesern jetzt
etwas weitläuftiger melden müssen.

Bathori war in dem Besitz seiner Unbekannten, und hätte sie fast ohne Gefahr, nach seiner Residenz in Sicherheit bringen können, wär
er nicht, zu ihrem Glück, durch seine abentheuer-
lichen Phantasien, abermals bewogen worden,
den falschen Weg zu gehen, den er immer zu
gehen pflegte.

Die Leser wissen aus der frühern Jugendge-
schichte dieses Fürsten, daß er beym Abschied
von Marianus Schott eine kleine Glocke zum
Andenken erhielt, welche er niemals von sich ließ,
und deren warnende Stimme er zu gewissen Zeiten hörte oder zu hören wähnte; dieser wahre
oder eingebildete Laut, nur ihm allein hörbar,
im Grunde vielleicht nichts als Erinnerung des
warnenden Gewissens, ward immer von ihm
misverstanden, und dahin gedeutet, wohin sie
am wenigsten zielen konnte.

Ließ die geweihte Glocke sich würklich jetzt vor
seinen Ohren hören, wie diejenigen, welche
den Schwärmer kannten, aus seinem plötzlichen
Erschrecken und aus der Todesblässe, die sein
Gesicht bedeckte, abnehmen wollten, so glauben

wir ſicherlich, daß ſie von Agneſens guten Geiſt
geläutet, und die Deutung ihrer Stimme ihrem
Entführer ins Herz gegeben wurde, wenigſtens
nichts würkſameres zur Rettung der Geraubten
hätte ſich denken laſſen, als das, das Bathori
jetzt würklich that.

Es ſchwebt Gefahr über mir, ſagte er plötzlich zu denen, die ihm am nächſten ritten; ſorgt,
daß ſich die Völker theilen, und in getrennten
Haufen nach der Reſidenz ziehen, indeß ich nur
von wenigen meiner Leute begleitet, die Dame
zu mir nehme, und im Walde harre, bis gün-
ſtigere Geſtirne über mir aufgehen!

Der Einfall war in der That ſonderbar, und
ganz eines Schwärmers würdig, unter einer
Begleitung von tauſend Reiſigen Gefahr beſorgen, und ſich zu mehrerer Sicherheit mit wenig
Gewappneten im Walde verbergen. Bathoris
Räthe, die es gut mit ihm meynten, ſagten
ihm hierüber, was zu ſagen war, aber er blieb
auf ſeiner Meynung, wie er pflegte. Der Wald
war bis gegen Abend ſeine Freyſtatt vor einer
Gefahr, die er nicht einmal kannte, und die,
hätte ſie ihn betroffen, für ihn ſehr leicht würde
zu überwinden geweſen ſeyn. Gegen die Nacht,
als er eben den Aufgang günſtiger Geſtirne erwartete, ſandte er drey ſeiner Reuter aus, die
Sicherheit des Weges zu erkunden, dieſe fielen
wie wir geſehen haben, in Karls Hände, wel-

cher sich eben mit zwanzig Mann seiner nächt=
lichen Behausung nahte. Bathoris Leute wur=
den unter Bedrohung des Todes scharf befragt,
einer von ihnen verrieth die Anwesenheit seines
Fürsten und der geraubten Dame, und — ha=
ben wir noch erst hinzuzusetzen, daß diese Ent=
deckung das Signal zu Agnesens Freyheit ward?
— Er fand die Gräfin mit einer einigen ihrer
Frauen, die man ihr verstattet hatte, aus dem
Kloster mit sich zu nehmen, in der nehmlichen
Höle, da er gewohnt war, sein Nachtlager zu
nehmen, ihr Entführer hatte ihr erlaubt, sich
vor dem Schnee, der diesen Tag sehr stark ge=
fallen war, daselbst zu bergen, indeß er mit sei=
nen Reisigen hier und da im Gebüsch die Wache
hielt.

Der Fürst ward Karls Gefangener, der, als
er seinen Namen erfuhr, wohl sah, daß er eine
so wichtige Beute, die ihm überdem ganz unnütz
gewesen wäre, ohne seine und Agnesens Gefahr
nicht würde behaupten können, und ihn frey
ließ. Bathori ergab sich in den Verlust seiner
geraubten Dame, wie er sich in alles zu erge=
ben pflegte, wo er Schicksals Hand zu sehen
glaubte, und sagte bey sich selbst: Die Stimme
seiner warnenden Glocke sey durch die Vorgänge
des heutigen Tages abermals als untrüglich er=
wiesen worden.

So befand sich also Agnes, nach den heftigen Schrecken einer unvorhergesehenen Entführung auf einmal in den Händen desjenigen, den sie mit Recht ihren besten Freund nennen konnte. Mit Vergessenheit alles dessen, was steifer Wohlstand von einem befreyten Fräulein fordern mochte, folgte sie nur ihren dankbaren Gefühlen; sie schloß ihn in ihre Arme, benetzte seine Wangen mit Freudenthränen, nannte ihn ihren Retter, ihren Bruder, und zeigte dem entzückten Karl durch diese Benennungen, wie wenig er sich seines Glücks zu überheben hatte.

Agnes verlangte in ihr Kloster zurückgebracht zu werden, aber ihr Befreyer stellte ihr die Gefahr vor, die sie dort in der Nachbarschaft ihres Verfolgers zu besorgen haben würde, und überredete sie, in seiner Geleitschaft den Rückzug nach ihrem Vaterlande anzutreten.

In den damaligen Zeiten *) waren Begebenheiten von der Art, wie sie die Gräfin von Mannsfeld hier erfahren hatte, schon nicht mehr so etwas gewöhnliches, als wie in den frühern Jahrhunderten, und die einsame Reise einer Dame, an der Seite eines Ritters, pflegte oft üble Nachrede nach sich zu ziehen, aber Agnes fand Schutz gegen allen bösen Verdacht, in ihrem

***

*) 1572.

und Karls schuldlosen Herzen, auch hatte sie
hier keine freye Wahl; sie mußte dem Rath ihres Retters folgen, oder in die Gefahr, welcher
sie kaum entkommen war, zurückkehren. Einer
von Karls Leuten brachte schriftliche Nachricht
von ihrer Befreyung an die Gräfin Palfy, ihre
Tochter und die Nonnen, nebst einem herzlichen
Abschiedsgruß zurück, sie aber setzte ohne Säumen ihre Reise nach Teutschland an ihres Vet-
ters Seite fort, und that erst spät die Frage,
die wir dem Leser im nächsten Abschnitt melden
wollen.

———

Ritter, sagte Agnes beym ersten Nachtlager,
das sie in einem ungarischen Dorfe an der Do-
nau nahmen, wo führt ihr mich hin?

Nach Teutschland, theure Gräfin.

Das weiß ich, aber welches wird dort mein
Zufluchtsort seyn?

O daß Agnes mir verstattete, sie nach Wien,
in das Haus ihres Oheims, zurückzuführen, und
dort Bewerbungen um sie zu erneuern, welche
ehemals zurückgewiesen wurden!

Karl, ihr wißt, daß mir der Graf von Mannsfeld sogar Euren Umgang untersagte, daß er
mich nöthigte, euch, den ich so gern als meinen
Freund, meinen nahen Verwandten um mich sähe,
sein Haus zu verbieten.

Das that er, Dank sey es dem Verräther Bothwell!! — Ich verzeihe ihm, denn jetzt sind ihm die Augen geöfnet. Graf Mannsfeld ist mein Freund, ich habe diesen Zug nicht ohne sein Vorwissen unternommen, jeden Schritt, den ich näher zu eurer Rettung that, habe ich ihm durch treue Boten überschrieben, und von ihm mehr als einmal die Versicherung erhalten: Agnes solle mein seyn, wenn ich sie in seine Arme zurückzubringen, und ihr Herz zu gewinnen wüßte.

Mein Vetter, rief Agnes, indem sie mit wehmüthiger Miene seine Hand ergrif, ihr kennt meine ganze Lage, ihr wißt, ob ich Eure Liebe belohnen kann!

Des Verräthers Bothwell Liebe konnte wohl belohnt werden!

Karl, Zwang war es, was mich zu diesem hinriß, und — dann noch etwas.

Liebe?

Nein, Wunsch, mich so weit als möglich von Gebhard zu entfernen, für den ich nun einmal nicht leben darf.

O von Gebhard auf ewig entfernt zu bleiben, nicht in die Möglichkeit zu kommen, alte Liebe wieder zu erneuern, braucht ihr keine Reise nach England zu thun!

Was sagt ihr? ist Gebhard tod?

Geistlich tod für Euch!

In ein Kloster geflüchtet? Seliger Entschluß!

o nun, heiliger Schleyer, nun sey mir doppelt willkommen!

Nein, meine Agnes, kein Mönch ist mein Bruder nicht geworden, aber ich zweifle, ob er jetzt, da so manche ihre Klosterketten zerbrochen, im Kloster so ganz für irdische Liebe verloren wäre, als auf der Stelle, auf welcher er jetzo steht. — Gebhards Glück ist unbegreiflich, oder soll ich es lieber sein Unglück nennen? — Er ist das, was der nunmehrige Graf von Isenburg einst war, ist durch einhellige Wahl des Pabsts, aller geistlichen Fürsten, der Stände und des Volks — Churfürst von Kölln! —

Churfürst von Kölln? wiederholte Agnes mit dem nehmlichen Erstaunen, mit welchem es einige meiner Leser wiederholen werden. Churfürst von Kölln? also hätten doch die Sterne ihn nicht getäuscht, so hätte doch der Fürstenhut ihm werden müssen, der ihm bestimmt war? Karl! Karl! ihr wißt nicht, in welch ein Meer von seltsamen Gedanken ihr mich durch eure Nachricht stürzt! Gebhards Schicksal ist mir ein Unterpfand des Meinigen! Ich weiß nicht, ob ich mich freuen oder trauren soll, weiß schlechterdings nicht, was ich eigentlich denke, ich bitte, überlaßt mich mir selbst, ob es mir glückt, das Gewirr von Phantasien, das mich umgauckelt, auseinander zu wickeln.

Ob der Gräfin das schwere Werk der Ent=
räthfelung dunkler Ideen gelang, und was sie
fand, wissen wir nicht, und wir sind also ganz
ausser Stande, unsern Lesern hievon etwas mit=
zutheilen. Sie war den größten Theil der rük=
ständigen Reise traurig, in sich gekehrt, mit sich
selbst nicht einig. In Ansehung des Plans für
ihr künftiges Leben blieb sie unentschlossen, bis
das Schikfal sich einmischte, und sie gleichsam
mit Fingern an den Ort wies, wo sie leben
sollte.

Das Haus des Grafen von Mannsfeld fand
sie bey ihrer Ankunft zu Wien in tiefer Trauer;
er hatte seine gute Gemahlin verloren, und stand
im Begriffe, ungeachtet seiner hohen Jahre,
Heilung eines verwundeten Herzens unter den
Waffen zu suchen. Der Kaiser — (Rudolf
nahm bereits den Thron seines Vaters ein) —
war gesonnen ein Observationskorps an die tür=
kischen Gränzen zu schicken, weil er fühlte oder
voraussah, daß so nahe am Ende des Waffen=
stillstandes, diesem fürchterlichen Feinde nicht al=
lerdings zu trauen wäre. — Wie richtig er ur=
theilte, haben wir aus dem vorhergehenden ge=
sehen. — Der alte Held, Agnesens Oheim, der
voraussah, daß die Völker, die man ihm auf
seine Bitte anvertraut hatte, nicht lange müßig
bleiben würden, wünschte hier seinen letzten Feld=
zug zu thun, er stand auf dem Punkte, Wien

zu verlaffen, da Agnes daselbst mit ihrem ta=
pfern Retter eintraf. — Ihr Anblik machte,
daß er es einigermaßen bereute, die Möglichkeit
aufgegeben zu haben, ihr in seinem Hause Schutz
zu gewähren; aber nun ließ sich hier nichts mehr
zurüknehmen.

Ich hatte zu viel verloren, sagte er, indem
er seine schöne Nichte in die Arme schloß, um
es länger in der Ruhe des häuslichen Lebens
aushalten zu können! Meinen Freund verlor ich,
meine Gattin und dich! — Nun habe ich dich
wieder, aber dein Besitz ist, so sehr ich dich lie=
be, immer noch zu wenig, mich für das übrige
schadlos zu halten, ich muß hinaus, in das Ge=
tümmel des Kriegs, um die Täuschungen mei=
nes eigenen betrogenen Herzens und den Raub
zu vergessen, den der Tod an mir beging. Liebst
du mich stark genug, mich nicht zu verlassen,
so —

Ich euch nicht verlassen, mein Oheim? fragte
die erstaunte Agnes, der auf einmal die Un=
schiklichkeit eines Zugs wider die Türken in die
Augen fiel und sie nicht erröthen machte.

Laß mich ausreden, Agnes, fuhr er fort:
Werde die Gemahlin deines Retters, und du be=
gleitest mich und ihn, so wie zwanzig andere Of=
ficiers von ihren Frauen begleitet werden. —
Du schweigst? du staunst? — Wohl! so schleu=
nige Entschließung, als hier nöthig wäre, wäre

dir kaum zuzumuthen; bedenke dich, und suche,
bis wir, oder wenigstens einer von uns zurükkehren, Zuflucht in den Armen der Mutter deines Karls —

O ja! rief Agnes mit Entzücken, in den Armen meiner zweyten Mutter, der theuern Frau
von Walpburg! Wo ist sie, daß ich mich ihr zu
Füßen werfe!

Du findest sie wieder, als Aebtißin von Gerißheim, eine Stelle, die der Mutter des Churfürsten von Kölln völlig würdig ist, aber hüte
dich, daß dich die Matrone nicht mit der Liebe
zum Klosterleben anstecke, keine Nonne sollst du
mir nicht werden, sondern das Weib meines bra-
ven Karls, dem ich in dir Vergütung für ehemals angethanes Unrecht zu geben gedenke.

Karl Truchseß dankte seinem Oheim, als ob
er schon am Altar die Hand seiner schönen Muhme aus der seinigen erhalten hätte, aber Agnes
dachte am wenigsten auf den Theil der Rede
des Grafen, der ihn bezauberte. Ihre Gedanken blieben einig bey der Mutter ihres Gebhards stehen, von der sie nun so lang getrennt
gewesen war, und nach deren Wiedersehn sie
sich blos um ihrer selbst willen zu sehnen glaubte.

Die Anstalten zur Reise wurden so schleunig
als möglich gemacht, und die Zeit bis dahin
den nöthigen Besuchen in der Residenz gewidmet; bloße Ceremonienbesuche, denn Sidonie,

die nunmehrige Gräfin von Isenburg, war abwesend, und auch die Prinzeßin Anna, deren Verbindung mit dem Prinzen Mathias sich, seit Rudolf auf dem Thron saß, sehr in die Länge zu ziehen schien, hatte Wien verlassen.

Agnes ließ sich, auf Gutachten ihres Oheims, dem Kaiser präsentiren, aber sie fand eine äußerst kalte Aufnahme. Es ward von dem Churfürsten von Kölln gesprochen, der Kaiser brach von ihm, seinem alten Freunde, mit sichtbarem Widerwillen ab. Agnes mußte glauben, der Kaiser säh ihn ungern auf der Stelle, auf welche ihn das Glük erhoben hatte, und die Worte, die er ihr beym Abschiede sagte, hatten noch ein befremdenderes Ansehn für sie:

Gräfin, so sprach er, da ihr Euer Vaterland einmal habt wiedersehen wollen, so hoffe ich, ihr werdet fest bey eurem Entschluß zum Kloster beharren, oder die nächste Gelegenheit zu einem Eurem Stande ziemenden Ehebündniß annehmen. Ihr thut wahrlich für Euch und die Welt nicht wohl, wenn ihr zögert, die Gemahlin eures Retters zu werden; unzähliches Unglük würdet ihr euch und noch Einem hier durch einen schnellen Entschluß ersparen.

Es war dem bescheidenen Karl Truchseß, der ihr Begleiter nach Hofe gewesen war, peinigend, sich ihr so von jedermann gleichsam aufgedrungen zu sehen, und er sagte ihr, als er sie zu ihrem Wagen führte, tausend Dinge, als wollte er den Kaiser und sich entschuldigen. Ich bin unschuldig, sprach er, an dem, was er mit Euch sprach. Ihr wißt, mit welcher Geduld ich mich Euren Entschlüssen unterwerfe, ihr müßt das Ganze auf den Hang seiner Majestät schieben, sein Lieblingsstudium, die Astrologie, auf alles anzuwenden, was ihm vorkommt, ihr werdet bemerkt haben, daß seine ganze Rede so ziemlich prophetisch klang.

Aber ich bitte Euch, mein Vetter, antwortete Agnes, die ihm hierin recht gab, ich bitte Euch, wenn ich nun von den Sternen zu irgend etwas bestimmt wäre, glaubt ihr wohl, daß ich meinem Schiksal entgehen könnte?

Karl, der wenig von dergleichen Dingen hielt, und doch auch gleichwohl den herrschenden Abgott seiner Zeit, den Hang zum Wunderbaren, nicht beleidigen wollte, schwieg zu dieser Frage, und Agnes blieb ihren eigenen Gedanken überlassen.

———

Die Helden traten ihren Zug nach der türkischen Gränze an, und Agnes reiste nach Gerisheim ab, wo sie von der Frau von Waldburg mit offenen Armen empfangen wurde.

O mein Kind, rief sie, wie viel hat sich ge-

ändert, seit du und ich uns sahen! mein Haus
hat eine Staffel des Glückes erstiegen, das wir
nie hoffen konnten! Du weinst? ist Agnes nicht
glüklich, da sie ihre Mutter und ihre Brüder
glüklich sieht?

Agnesens Thränen quollen stärker bey dem,
was Gebhards Mutter sagte, sie sollte Rechen-
schaft von der Ursach ihrer Wehmuth geben, sie
konnte nicht, ihr lag viel auf dem Herzen, sie
mußte es ganz ausschütten, um sich und die Fra-
gerin zu befriedigen. Agnes war aufrichtig, die
Frau von Waldburg voll von Nachsicht und Liebe gegen die Bekümmerte; dieses ist der Grund
ächter Vertraulichkeit und der besten Rathschlä-
ge. Agnes gestand, daß ihr Herz noch nicht
frey von Liebe gegen Gebhard sey, ob sie gleich
jetzt mehr als jemals glaube, daß sie ihm entsagen müsse. Die Frau von Waldburg wußte
das nehmliche von Gebharden, ohne Agnesens
Herz durch dieses Geständniß noch unheilbarer
zu verwunden; sie bat für ihren zweyten
Sohn, und als die junge Gräfin hier unerbitt-
lich blieb, so rieth sie, fast wie Kaiser Rudolf,
zu baldiger Annehmung des heiligen Schleyers,
ein Vorschlag, zu welchem Agnes mehr als willig war.

Mittlerweile zu Gerisheim mancher Tag in
ähnlichen Verhandlungen hinging, begann Gebhard zu Kölln seine erhabene Laufbahn auf eine

Art, die ihm Liebe und die allgemeine Bewunderung zuzog. Agnesens Andenken lebte mehr
als je in seinem Herzen, aber er kämpfte heldenmüthig und suchte Rath für eine unheilbare
Leidenschaft, da, wo man ihn noch am ersten
findet, in unabläßiger Uebung seiner Pflicht.

Die Gerüchte von der geliebten Gräfin von
Mannsfeld waren sehr mannichfaltig, er selbst
hatte sie lang im Kloster geglaubt, aber die Sagen von den Abentheuern zu Wien, und an der
siebenbürgischen Gränze, bey welchen die Welt
ausdrüklich ihren Namen nennte, waren ebenfalls
vor seine Ohren gekommen. Er mußte hieraus
nicht klug zu werden, er brannte vor Verlangen,
diese Räthsel zu lösen, und war doch heldenmüthig genug, sich diese Genugthuung zu versagen. Auf das lebhafteste überzeugt, daß Agnes
auf jeden Fall für ihn verloren sey, zog er einen
dichten Vorhang über das übrige, wollte hier
weder wissen noch muthmassen, und stürzte sich
unaufhaltsam in die Geschäfte seines neuen Standes, die ihm doch bey weitem nicht die Genugthuung gewährten, die wir sonst bey Erfüllung
unserer Pflichten finden.

Sie würden sie ihm gewährt haben, wäre
nicht ausser jener unglüklichen Leidenschaft, ein
gewisses Etwas in seiner Seele gewesen, das
ihn zu keiner Ruhe kommen ließ.

Der Leser weiß aus dem vorhergehenden, daß

der hellsehende Denker Gebhard bey weitem
nicht mit allen Lehren seiner Kirche einverstanden war. Zu jenen Zeiten, da Agnesens Liebe
ihm noch jeden Gedanken an den geistlichen Stand
verbitterte, spähte er Zweifel auf, um die entscheidenden Schritte zu seiner Bestimmung zu
verzögern, aber diese Dämonen, die er damals
gleichsam nur zum Scherz citirte, verschwanden
nicht so schnell, als er wollte. Als Agnesens
Entschluß ihn zwang, der Liebe zu entsagen, gingen sie mit ihm in den geistlichen Stand hinüber, und blieben auch von dem tiefsten Forschen
nach Wahrheit unbesiegt.

Der Umgang des gelehrten Mönchs aus dem
köllnischen Kloster verschlimmerte hierin mehr
als er besserte, beyde prüften und forschten so
lang, bis sie endlich von dem überzeugt waren,
wovon sie nicht überzeugt seyn wollten, und als
treue Söhne ihrer Kirche nicht überzeugt seyn
durften. —

Gebhards Glük hub ihn von Stufe zu Stufe
empor, sein Wissen erweiterte sich, ohne daß
sich seine Ueberzeugungen änderten. Er reiste
nach Rom, aber auch am St. Peters Stuhl
fand er nichts, ihn von dem Ungrund seiner neuen
Meynungen zu überführen, von welchem er so
gern hätte überführt seyn mögen. Er entdekte
sich einigen der frömmsten und gelehrtesten Männer seiner Kirche, einige derselben sahen ihn mit

weitgeöfneten Augen an, und murmelten ganz leise das Wort Ketzer zwischen den Zähnen, indessen die andern die Schultern zogen und ihm riethen, seine Gedanken vor sich zu behalten, wenn er sich in denselben glüklich fühlte, vor allen Dingen aber ja den unmündigen Kindern der Kirche ihre Milch nicht zu entziehen, wenn er selbst stärkere Speise vertragen könne.

Gebhard, der jetzt viel ernsthafter und gründ-licher dachte, als ehemals, hatte wider diesen Rath, so klug er ihn übrigens fand, manches einzuwenden, doch tröstete er sich damit, daß er zu schwach sey, das auszuführen, was er für Pflicht des Wahrheitserkennens hielt, und also ohne Gewissenszweifel für sich allein behalten könnte, was er andern nicht mittheilen durfte; — aber wer mißt seine Empfindungen, als sich nun sein Wirkungskreis erweiterte, und er sich fast im Nu auf einem Posten sah, der höhere Pflichten von ihm foderte?

Gebhard war dreyßig Jahr, da er den Na-men eines Churfürsten von Kölln erhielt, die Träume leichtsinniger Jugend waren größten-theils verraucht, und der Fürstenstand, ehemals das höchste Idol seiner Eitelkeit, erregte jetzt, da er ihn erlangt hatte, mehr Erstaunen als lebhafte Freude in seiner Seele, vielleicht, weil er den Gedanken an Agnes nicht mit ihm ver-binden durfte, vielleicht auch blos, weil er vor

Gebhard. 1. Th.   O

der schlüpfrigen Laufbahn schauderte, auf wel=
cher er weniger als jemand festen Tritts zu ge=
hen im Stande war. Der Geblendete kann viel=
leicht den schmalen Weg zwischen drohenden Ab=
gründen glüklich zurüklegen, auf welchen er,
würde die Binde von seinen Augen genommen,
beym ersten Schritte straucheln würde. Geb=
hards Oheim, der fromme festgläubige Bischof
von Augsburg, der das höchste Ziel seiner Wün=
sche, seines Neffen Fürstenglük, nicht erlebt
hatte, würde dem erhabenen Posten, auf welchen
das Glük seinen Neffen stellte, vielleicht mehr
Ehre gemacht haben, als der arme Gebhard, der
zwar nun schon nicht mehr schwankte, aber gera=
de auf eben der Seite fest war, auf welcher er
als der Mann, der er nun war, nicht fest seyn sollte.

Von seinen Kämpfen, seinem Kummer, seinen
Thränen war niemand Zeuge, als sein Freund,
der ihm wenig Trost gewähren konnte. Bruder
Johann war fest entschlossen, sich je ehe je lieber
öffentlich zu der Wahrheit zu bekennen; welcher
er jetzt heimlich anhing; aber welche Schwierig=
keit für Gebharden, einen der größten geistlichen
Fürsten, ein gleiches zu thun!

Zur selbigen Zeit ward zu Aachen eine große
Versammlung aller geistlichen Fürsten oder ihrer
Gesandten, zur Untersuchung der protestantischen
Händel, gehalten. Gebhard erhielt, so wie die
andern geistlichen Churfürsten, Befehl vom Pab=

ſie, Leute von bewährter Gelehrſamkeit und fe-
ſtem Glauben an die Lehren der Kirche, dorthin
abzufertigen. Gebhard wählte, ſo wie er für
das Beſte des Glaubens, zu welchem er ſich
noch bekannte, wählen mußte, aber er hielt es
nicht für genug, Geſandte nach Aachen zu ſchi-
ken; für das Beſte ſeiner Kirche hätte dieſes
wohl genug ſeyn mögen, aber nicht für ſeine
eigene Beruhigung. Er ſelbſt wollte, ſeinen eigenen Leuten unwiſſend und unbekannt, die
Reiſe mitmachen, welche er wohl mit Recht
die wichtigſte ſeines Lebens nannte. Was er nirgend fand, konnte er zu Aachen unter den grö-
ſten gelehrteſten und frömmiſten Männern beyder
Partheyen zu finden erwarten, Beruhigung über
die wichtigſten Gegenſtände des menſchlichen
Wiſſens, und er fand ſie, aber ſie machte ihn
bey weitem nicht glüklich. Die Pflichten, die
ſeine geſtärkten Ueberzeugungen für die Lehren
des Proteſtantismus ihm auflegten, waren ſchwer
und bedenklich, er konnte ſie nicht ohne heimlichen Schauer überſehen.

Gebhard, entſchloſſen, von nun an die Proteſtanten, denen er die Palme des Siegs in dem
großen Streit über Irrthum und Wahrheit zu-
erkannte, in ſeinen Landen auf alle Art zu begünſtigen, begann ſein Werk mit einer Klugheit,
mit einer Mäßigung, wie ſie allen Anfängern
großer Dinge zu empfehlen wäre; und o, daß

er auf diesem Wege fortgegangen wäre, o daß
sich nicht eine blinde Leidenschaft ins Spiel ge=
mengt hätte, die nicht allein übereilte Schritte
nach sich zog, sondern auch allem, was er that,
einen falschen Anstrich gab, und dadurch alle
gute Wirkung vernichtete!

Gebhards Lande waren glücklich unter der be=
sten mildesten Regierung, die Wissenschaften
nahmen zu, der Ueberfluß wuchs, und die Pro=
testanten lebten hier mehr, als an ei.em Orte,
neben ihren Gegnern, wie Brüder. Die Vor=
theile, die er ihnen verschafte, waren groß, aber
so klug ausgetheilt, daß niemand über Parthey=
lichkeit klagen, niemand sie nur muthmaßen
konnte. Von Gebhards heimlichen Religions=
grundsätzen wußten, ausser dem Mönche, nur
wenige; vielleicht wäre es gut gewesen, wenn
vor der Hand noch gar niemand um dieselben
gewußt hätte. Aber wie hätten sie seinem ersten
Minister, dem Grafen Neumark, verborgen
bleiben können, der mit ihm auf seiner heimli=
chen Reise nach Aachen gewesen war, und von
da die nehmlichen Grundsätze zurückgebracht hat=
te, die sein Fürst hegte?

Graf Neumark war einer von denen Charak=
teren, welche in allem, was sie interessirt, Feuer
und Flamme sind. Gern hätte er von dem,
was jetzt sein Herz erfüllte, alle Welt in einem
Tage überzeugt. Der vorsichtige Gang der Klug=

heit war ihm zu langsam. Die Politik des
Staatsmanns, in welcher er sonst kein Fremdling war, ließ sich, wie er meynte, auf geistliche Dinge nicht anwenden. In dem schwär-
merischen Eifer, in welchem er sich befand, wär
es ihm lieber gewesen, wenn sein Fürst nebst ihm
und andern, in der ersten Stunde der Rükkunft
nach Kölln, den Lehren seiner Kirche öffentlich
entsagt, und sich zu der protestantischen bekannt
hätte. Die Protestanten sollten, so meynte er,
schon Tempel und Altar in Kölln haben, und
die Nothwendigkeit, in welcher sie sich befanden,
Lehr und Unterricht nur heimlich anzunehmen,
war, dies sagte er Gebharden dreist ins Gesicht,
der größte Beweis von seiner eigenen Laulichkeit,
den er nur ablegen konnte.

An einem Abende, da der Graf von dem
Churfürsten nachdrüklich widerlegt, und zur Geduld verwiesen, nur noch um Aufmerksamkeit für
einen einigen Vortrag bat, den er zum Besten
der Protestanten zu machen hatte, überreichte
man Gebharden Briefe aus Gerlsheim, die von
einem Couriere gebracht worden waren, und
laut der Ueberschrift, schnelle Eröfnung und Beantwortung forderten. Schon diese Ueberschrift
verursachte Gebharden eine Erschütterung, die
auf einmal die Aufmerksamkeit, welche Neumark
forderte, auf eine ganz andere Seite rissen, wie
viel mehr der Inhalt des Schreibens. Man

denke selbß, eine von der Hand der geliebten
Agnes geschriebene Nachricht, von der äußersten
Lebensgefahr der Frau von Waldburg, die vom
Schlage getroffen, den Segen und die Abschieds-
umarmung von ihrem Sohn, in ihren letzten
Stunden erbat.

Gebhard, unfähig den ersten Bewegungen seines Herzens zu widerstehen, fühlte sich auf doppelte Art nach Gerisheim hingezogen, er hatte
von diesem Augenblik an, für nichts Gedanken,
als für die Beschleunigung seiner Abreise. Im
halben Taumel gewährte er dem Grafen, was
er ihm bat, Erlaubniß, auf einem seiner benachbarten Güter, protestantische Predigten halten lassen zu dürfen; eine Sache, deren Folgen
er jetzt unmöglich übersehen konnte. Er überließ ihm alles, warf sich in den fertig stehenden
Wagen, und legte wie im Fluge den Weg zurük,
auf den ihn kindliche Pflicht und erwachende
Leidenschaft fortrißen.

————————

Kindliche Pflicht, und erwachende Leidenschaft?
der Leser verzeihe uns, daß wir zwey Regungen
zusammen paaren, die bey der gegenwärtigen
Gelegenheit, an einem Herzen, wie Gebhards,
unmöglich gleichen Antheil haben konnten. Der
Gedanke, Agnes wiederzusehen, das überraschen-

be, das in demselben lag, die Begierde, all das
Unerklärliche sie zu Gerisheim zu finden, enträth-
selt zu sehen, konnte ihn nur auf Augenblicke,
konnte ihn höchstens nur so lang beschäftigen,
als er noch nicht an dem Sterbelager der Frau
von Waldburg angelangt war; die Luft, die dieses Heiligthum umwehte, verscheuchte jeden irrdischen Gedanken, und er kniete neben Agnes
an dem Bette seiner Mutter, ohne sich es fast
bewußt zu seyn, daß sie, die Langvermißte, an
welcher noch immer sein Herz hing, ihm so nahe war.

Agnesens Gefühle waren den seinigen gleich,
in diesen feyerlichen Augenblicken schienen alle
alte Verhältnisse aufgehoben zu seyn. Sie, die
zu andern Zeiten den bloßen Gedanken verwarf,
der Churfürst könne sie einst bey einem Besuche
zu Gerisheim an der Seite seiner Mutter finden, hatte in der Verwirrung, in welcher sie
jetzt war, kein Bedenken getragen, ihn eigenhän-
dig zu der traurigen letzten Pflicht, die er der
Frau von Waldburg zu erweisen hatte, einzu-
laden, kein Gedanke war ihr eingekommen, was
dies für Folgen haben könnte, auch hätten alle
andere Betrachtungen dem Wunsche der Mutter,
ihren Sohn noch einmal zu sehen, nachstehen
müssen. Sich vor Gebharden zu verbergen, und
um irgend einer Besorgniß willen die letzten kost-
baren Augenblicke einer gemeinschaftlichen Mut-

ter zu versäumen, daran dachte sie noch weniger. Sie kannte jetzt schlechterdings keine andere Besorgniß, als die, keine Pflicht gegen diejenige zu versäumen, die ihr nun bald entrissen
werden sollte. — Sie sah den Mann, dessen Anblik sonst ihre ganze Seele in ihren fernsten Tiefen erschüttert haben würde, ohne Gefühl eintre-
ten. Er kniete neben ihr, sein Hauch vereinigte
sich auf der kalten Hand der Sterbenden mit
dem ihrigen, ihre Thränen flossen gemeinschaftlich; nichts war im Stande, ihre Seele nur auf
Augenblicke von ganz andern Empfindungen zurük zu rufen, die sie jetzt allein beschäftigten.

Die Frau von Waldburg war dem Tode noch
nicht so nahe, als ihre Kinder besorgten; der
Anblik ihres Sohns schien ihre scheidende Seele
zurükzurufen. Ein Strahl von Heiterkeit kehrte
in ihre Augen zurük, selbst die Sprache, welche
sich seit mehrern Stunden ganz verloren hatte,
schien sich wieder zu finden. Sie stammelte
ziemlich verständlich die Worte: meine Kinder!
und vereinigte beyder Hände in den ihrigen. —
Auch hierbey fühlten sie nichts, als den Druk
der mütterlichen Liebe, und all die Tage, welche ihr noch geschenkt wurden, waren zu heilig,
als daß hierin eine Aenderung hätte statt finden
können.

Die Vorsicht verlängerte, würklich das Leben
der ehrwürdigen Aebtißin von Gerißheim noch
um mehrere Tage, und gab ihr, da sie auch
das Vermögen zu sprechen wieder erhielt, Raum,
noch eine Menge Dinge, die ihr auf dem Herzen lagen, mit ihrem Sohne zu berichtigen.
Der Churfürst, resdirte diese Zeit über auf dem
benachbarten Schlosse, daß er aber ausser den
Stunden, da es Wohlstand und Klostersitte erforderten, wenig sahe, indem er das Lager seiner Mutter fast nie verließ. Er sah hier Agnes
oft; ihr Anblik ward ihm gewöhnlich. Das
nehmliche Verhältniß, wie unter Geschwistern,
schien Plaß zwischen ihnen zu nehmen, und die
Reden der Kranken, welche sie allemal unter
diesem Namen zusammen paarte, dienten dazu,
sie völlig gegen die Rükkehr zärtlicherer Empfindungen, als die von Bruder und Schwesterliebe
sicher zu machen.

Die Frau von Walbburg hatte alles gethan,
was sie noch auf dieser Welt zu thun hatte, sie
hatte dem Churfürsten die Angelegenheiten des
Klosters, und die ihrer eigenen Familie empfohlen, hatte ihn beschworen, seine Schwester Agnes nicht zu verlassen, und brüderlich für sie zu
sorgen. Nichts war ihr nunmehr übrig, — sie
sagte es selbst, —als die Augen ruhig zu schlies-

sen, und hinüber zu schlummern in jene bessere
Welt, die sie mit frohen Danksagungen über
das schon hier genossene Gute begrüßte.

Ihr wißt es, sagte sie kurz vor ihrem Tode
zu ihren Kindern, ich habe hier der Leiden wenig gehabt, durch eine lange Reihe glüklicher
Ereignisse, bin ich zu einem hohen fröhlichen Alter gelangt. Der gegenwärtige Augenblik ist
mir nicht schreklich, ich weiß, was ich dort zu
hoffen habe, und hier kenne ich keine weitern
Wünsche, als die Dauer des Glüks dererjenigen,
die ich liebe. — Meinen zweyten Sohn, meinen Karl, hätte ich noch diesseit des Grabes
umarmen mögen, doch ich weiß, ihr werdet ihm
meinen Seegen bringen, und die Früchte meines
Gebets am Throne Gottes werden auch ihm
gewährt werden. Lebt wohl! lebt wohl! meine
Kinder, wir trennen uns auf kurze Zeit, die
Ewigkeit vereinigt uns wieder!

Die Frau von Waldburg blieb ruhig, heiter
und schmerzlos, bis auf den letzten Augenblik,
da sie ein verneuter Anfall schnell hinriß, ohne
sie die gewöhnlichen Leiden der Sterbenden erfahren zu lassen. Ein solcher Tod wie der ihrige, ist ganz der lächelnde Engel, wie ihn die
schmeichelnde Phantasie des Mahlers bildet;
ists nicht Verbrechen, bey so einem Grabe zu
weinen?

Doch floſſen Gebhards und Agneſens Thränen
unaufhaltſam auf die Aſche ihrer Mutter. Der
Gedanke an ihren ſanften Tod, den Glanz ihrer
Seligkeit der ihnen über ihr Grab herüber ſchim-
merte, waren nur ſchwache Tröſtungen über den
Verluſt, den ſie erlittten hatten. Sie klagten,
ſie weinten zuſammen. Gemeinſchaftlicher Kummer, ward das Mittel zu erneuter Liebe.
Gebhard tröſtete Agneſen, ſie ihren Freund,
beyde wurden ſich mit jedem Tage unent-
behrlicher, und — iſts wohl noch nöthig dem
Leſer zu ſagen, daß vormahlige Gefühle, die zur
Zeit der erſten Trauer nur geſchlafen hatten,
unvermerkt wieder erwachten, und in dem Augenblicke, da die Liebenden die erſte Ahndung
von der Beſchaffenheit derſelben erhielten, ſchon
ſo ſehr überhand genommen hatten, daß ſie an
ihre Tilgung weder denken konnten noch wollten?

Die Krankheit der Frau von Waldburg hatte
den Churfürſten faſt drey Wochen zu Gerisheim
aufgehalten; die Exequien der edeln Verſtorbe-
nen, die Vollziehung ihres letzten Willens, und
andere durch ihren Tod veranlaßte Geſchäfte,
nahmen faſt eben ſo viel Zeit hin, und als dieſe geendigt waren, ſo war die Nothwendigkeit,
die troſtloſe Agnes zu beruhigen, neuer Bewe-
gungsgrund zu verlängertem Aufenthalt in der
Gegend des Kloſters.

Troſtloß war Agnes in der That, nicht ſo
wohl über den Verluſt ihrer mütterlichen Freun=
din; ihre Frömmigkeit, und die Bekanntſchaft
mit den Troſtgründen ihrer Religion, hätten hier
den Schmerz endlich mäßigen müſſen, aber ſie
fand in ſich ſelbſt eine unerſchöpfliche Quelle der
Thränen an einer Leidenſchaft, die jetzt mit fürch-
terlicher Stärke zu erwachen begann, und die
durch die Entdeckung nicht gemindert wurde, daß
der, um deſſenwillen ſie litt, nicht ſchwächer fühlte
als ſie.

Keins hatte dem andern ſein Herz noch entdeckt, aber ſie verſtanden ſich beyde. Beyde
fühlten die Nothwendigkeit ſich loszureiſſen, und
keins hatte Muth genug, hiezu den erſten Schritt
zu thun. Wir müſſen uns trennen, ſagte endlich Agnes an einem Abend, voll Thränen und
traurigen Schweigens, wir müſſen uns trennen,
um uns nie wieder zu ſehen, wir müſſen auf
Mittel ewiger Entfernung denken, und dieſes
verſchließt mir den Mund zu einer Bitte, die ich
ſonſt an den Churfürſten von Köln zu thun ge=
ſonnen war.

Welche Bitte, meine Agnes? rief Gebhard;
kann die, welche mein ganzes Herz beſitzt, mir
irgend einen Wunſch des ihrigen verhehlen?

Wenn Geritzheim, fuhr Agnes fort, tauſend
Meilen von Köln entfernt wär, wenn Meere
und Wüſteneyen ſich in dem Zwiſchenraume

ausdehnten, so würde ich bitten, daß die Stelle der Frau von Waldburg unbesetzt blieb, bis ich geschikt wär, dieselbe einzunehmen, die Nonnen lieben mich, mein Wunsch ist der ihrige — —

Agnes Aebtißin von Gerißheim? wiederholte der Churfürst, indem er hastig aufstand, und sich der ausgestrekten Hand der Bittenden bemächtigte.

Ihr habt recht, mein Fürst, erwiederte sie, und entzog sich ihm mit schüchterner Miene, ihr habt recht, meine Bitte ist kühn, und aus tausend Ursachen unerfüllbar. —

Ich kenne keine andere, erwiederte er, als die —, als daß — — ich will sagen — kurz es ist unmöglich, und wenn Agnes noch einige Neigung zu ihrem Freunde hat, so wird sie mir versprechen, nie wieder eine ähnliche Forderung an mich zu thun.

Und wenn Gebhard noch einige Neigung für seine Freundin hat, wird er denn auch mir etwas versprechen, wovon ich mich nicht so leicht, wie von dem ersten, werde zurükweisen lassen?

Alles! Alles! Agnes, nur dieses nicht!

Nun so verspreche mir der Churfürst von Kölln, der seine und meine Pflichten wohl besser kennt, als sie ihm ein armes unwissendes Mädchen schildern könnte, er verspreche mir, dieses Kloster nie wieder zu besuchen, bis ich es

verlaſſen, und an irgend einem andern Orte Zu=
flucht gefunden habe.

Agnes, ihr tödtet mich! Ich kann nichts ver=
ſprechen, ſchlechterdings nichts! Ihr müßt blei=
ben, ich muß die Erlaubniß haben, euch dann
und wann zu ſehen —

Und was ſoll hier endlich aus uns beyden
werden? —

Euer und mein Stand, Agnes, eure und mei=
ne Tugend — — — —

Schützen uns aufs wenigſte nicht vor übler
Nachrede, die vielleicht früher erwachen wird,
als wir denken.

Beruhigt euch, Gräfin, der gehäßige Gebhard
ſoll euch bald aus den Augen gerükt werden.
Neumarks Briefe werden immer dringender; ich
muß Kölln in den nächſten Tagen wiederſehen,
wenn ich auch nicht wollte.

Agnes weinte über die Ausdrücke, deren ſich
der Churfürſt bediente. Der Verdacht, als haſſe
ſie ihn, drang ihr durchs Herz. Alle Standhaf=
tigkeit, mit welcher ſie ſich zu dieſem Auftritte
bewaffnet hatte, war hin. Zärtlicher Unwille,
Vorwürfe der Liebe, Zwiſt, Wiederausſöhnung,
alles vereinigte ſich, die gefürchtete Leidenſchaft
ſtärker und ſichtbarer zu machen, als auſſerdem
geſchehen ſeyn würde, und am Ende verließ man
ſich, mit dem Entſchluß, für den gegenwärtigen
Augenblick, zwar bey ſchneller Trennung zu

bleiben, aber den entbehrten Umgang durch einen Briefwechſel zu erſetzen, der zwiſchen einem geiſtlichen Fürſten, und einem Kloſterfräulein, ja unmöglich ein verdächtiges Anſehen haben konnte.

———

Die Gegenwart des Churfürſten war in Kölln höchſt nöthig, um Unruhen zu ſtillen, die ſich in der kurzen Zeit von noch nicht zwey vollen Monaten; welche er zu Gerißheim zubrachte entſponnen hatten.

Die Gewährung der Bitte, welche Neumark am Abend der Abreiſe von Kölln, ihm faſt mit Gewalt entriß, hatte böſe Früchte getragen, und der fromme Eifer des Miniſters für die freye Religionsübung der Proteſtanten hatte mehr eingeriſſen als der weiſere Gebhard in Jahren wieder hätte gut machen können.

Die erſte proteſtantiſche Predigt, welche Neumark auf ſeinem wenig Meilen von Kölln entfernten Schloſſe halten ließ, war von keinen großen Folgen, ſie hatte ſtille Erbauung ſeiner Glaubensverwandten zum Entzweck, und dieſen erreichte ſie, ohne andere zu beleidigen. Northuſſus, ein proteſtantiſcher Geiſtlicher, den Gebhard in Aachen kennen lernte, und heimlich mit herüber brachte, um ſich im Stillen von ihm unterrichten zu laſſen, verband mit der gründ-

lichſten Gelehrſamkeit und Frömmigkeit hinläng-
liche Politik und Weltkenntniß, um Neumarks
Antrag, öffentlich als Lehrer unter einer unterdrückten Religionsparthey aufzutreten, nicht
ohne Bedenken anzunehmen. Er machte Schwü-
rigkeiten und wich endlich, weil er mußte, der
Einwilligung des Churfürſten, die ihm Neumark
unwiderleglich darzulegen wußte. Er trat alſo,
wie ſchon erwehnt, vor der proteſtantiſchen Gemeinde, die der Miniſter aus Kölln auf ſein
Schloß zu Mechtritz eingeladen hatte, auf, und
hielt eine geiſtliche Rede, die ſeinen Zuhörern
genug that, ohne die Gränzen der weiſen Mäßigung zu überſchreiten, eine Rede, welche die
ganze katholiſche Chriſtenheit unbeleidigt hätte
hören dürfen, ungeachtet er ſo vorſichtig war,
unter dem Vorwand ſeiner ſchwachen Stimme,
die Oefnung der Thüren des Hörſaals zu ver-
bitten; ein Umſtand, welcher dem Ganzen mehr
das Anſehen einer Privatübung der Andacht gab,
und Verantwortung faſt unmöglich machte.
Aber der weiſe Northuſius predigte nicht
allemal, er ward oft von einigen jungen Feuer-
köpfen abgelößt, welche, wie man im Sprich-
wort zu ſagen pflegt, noch mit dem erſten
Schwerde fochten, und mit ihren ſchwachen un-
geprüften Waffen alles vor ſich nieder zu Boden
ſchlagen wollen, was ihnen entgegen ſtand.
Ihre Reden waren ſo, daß ſie verſchloſſene

Thüren mehr bedurft hätten, als die vernünf=
tige Predigt des weisen Freundes der Wahrheit,
aber diese Herrn waren viel zu begierig, die gan=
ze Welt zu bekehren, oder sie wenigstens zu Zeu=
gen ihrer Beredsamkeit zu haben, als daß sie
auf diese löbliche Behutsamkeit hätten denken
sollen. Alle Zugänge des Schlosses wurden ge=
öfnet, das schon vorher vorbereitete Volk ström=
te herein, und hörte was ihnen unaussprechlich
wohl gefiel, weil es neu war.

Northusius, oder um seinem Namen die pe=
dantische Endung zu nehmen, welche zu seinen
Zeiten Mode war, der gute Nordhausen sahe
sich das nächste mahl, da er auftrat, genö=
thigt, seiner Rede die nemliche Publicität zu ge=
ben, die seine jungen Kollegen für gut gefunden
hatten, er predigte auf Unkosten seiner Lunge,
und auf Gefahr der guten Sache bey ofnen
Thüren, denn schon fing man unter seinen Glau=
bensverwandten an, seine Vorsichtigkeit Men=
schenfurcht, und ihn einen Heuchler zu schelten;
Beschuldigungen, die sein redliches Herz empfind=
lich kränkten, und zugleich drohten, alle Er=
bauung aufzuheben, die er, so lang sein Charak=
ter unverletzt blieb, zu stiften hoffen konnte.

Hatten die Reden seiner Brüder Beyfall ge=
funden, so fanden die seinigen denselben noch
mehr. Man mußte den Mann lieben, der mit
der stillen Würde des Weisen auftrat, und mit

seiner Gemeine, von den wichtigsten Gegenstän=
den des menschlichen Wissens, aus Ueberzeugung
und Erfahrung in einem Tone sprach, wie ein
liebender Vater mit seinen Kindern. Der Ernst,
mit welchem er die Wahrheit predigte, ohne ihr
das geringste zu vergeben, erregte Ehrfurcht, und
die Delikatesse, mit welcher er jede Beleidigung
der anders denkenden vermied, Bewunderung.

Seine Gemeinde vergrößerte sich von Tag zu
Tag: Neumarks Schloß ward den herbeyströ=
menden Köllnern zu eng. Nur immer die Hälfte
der Zuhörer bestand aus Nordhausens Glaubens=
verwandten, die Anhänger der herrschenden Kirche
hörten ihn eben so gern, und verließen den Hör=
sal nie, ohne öffentlich zu gestehen, sie seyen
hier mehr erbaut worden, als man sie zu Kölln
zu erbauen wisse; Urtheile, welche vielleicht blos
das Resultat der Liebe zur Neuheit waren, die
aber doch nicht ermangelten, Aufmerksamkeit der
Gegner der Protestanten zu erwecken.

Man sah dem Unwesen noch eine kleine Weile
in der Stille zu, Aufmerker wurden von allen
Seiten gesandt, auszuspähen, was an der Sache
wär; Northausens eindringende herzrührende Re=
den wurden so gefährlich befunden, als die un=
vernünftigen Ausfälle seiner Kollegen kühn und
beleidigend. Eilig mußte man der Sache
steuern, und wie leicht war dieses bey der vol=
len Uebermacht gegen die Protestanten, und bey

der gewöhnlichen Wankelmuth des großen Hau=
fens!

Eben die, welche sich gestern an Nordhausens
hinreißender Beredsamkeit ergötzt hatten, schrieen
ihm heute den Namen Ketzer entgegen. Um sein
Leben zu retten, mußte er die Gegend verlassen,
und nach Bonn fliehen. Neumarks Schloß ent=
gieng mit Mühe der Schleifung, und Gebhard
fand den vollen Aufruhr als er zu Köln enlangte.

Schon mehrere Briefe seines Ministers hatten
ihm von der wachsenden Unruhe in seiner Stadt
winke gegeben; die volle Wuth eines Feuers,
das er im Grunde selbst angezündet hatte, wollte
Neumark nicht beschreiben, und der Churfürst
sah sich also würklich ganz unvorbereitet in Ver=
legenheiten, die er nicht erwartet hatte.

Die kühngemachten Protestanten, denen man
den Beyfall, welchen der Fürst ihren Meynun=
gen gab, nicht verschwiegen hatte, trotzten auf
sein Ansehen, und machten durch Widerspenstig=
keit, die Gewaltthaten, die sie erfahren mußten,
noch grösser. Man haßte Gebharden als Ursa=
cher all dieser Unruhen, und rief ihm, als er
sich jetzt den Mauern seiner Stadt nahte, den
Namen eines ketzerischen Fürsten kühnlich ent=
gegen.

Der Einzug ward ihm verweigert, und da
er, auf solchen Fall nicht gefaßt, beynahe ohne
alle gewaffnete Begleitung erschien, so mußte er

sich gefallen lassen, der Gewalt nachzugeben, und sein Ablager auf Neumarks Schlosse zu Mechtritz zu nehmen; ein Umstand, der den Widerwillen des Volks gegen ihn aufs höchste trieb: der Ort, wo Nordhausen gelehrt hatte, ward von dem Pöbel als ein Tempel des Teufels angesehen, und Gebhards Entschluß, daselbst zu verharren, schien ihm stillschweigendes Geständniß zu seyn, zu welcher Seite er sich zähle.

Was Jahrelang hätte verschwiegen bleiben können, was vielleicht nie an den Tag gekommen wär, das ließ sich jetzt nicht mehr ableugnen. Gebhard war zu edel zu heucheln, er gestand die Grundsätze ein, um derenwillen man ihn verdammte, aber er that es auf eine Art, welche ihm die Zuneigung des Volks, das ihn im Grunde liebte, wieder hätte gewinnen können, wär es sich selbst überlassen gewesen; aber Gebhards Feinde, die seine Erhöhung von Anfang mit scheelen Augen angesehen hatten, sie, denen nichts hätte erwünschter kommen können, als diese Gelegenheit, sich seiner zu entledigen, schürten das Feuer; sie nannten laut den Namen seines ehemaligen Mitwerbers, Herzog Ernsts von Bayern, welcher freylich mehr Macht hatte, sich den Namen eines Churfürsten von Kölln zu erringen, als Gebhard sich bey demselben zu erhalten.

Ueberzeugt, daß in der Nähe von Kölln keine
Sicherheit mehr sey, begab er sich nach
Bonn, wo man etwas aufgeklärter und to-
leranter dachte, als zu Kölln, und wo man
ihn mit offenen Armen aufnahm. Hier beschloß er zu verweilen, bis durch seine Gesandten auf dem augspurgischen Reichstage, gewisse
entscheidende Schritte gethan wären, von welchen er sich mehr versprach, als er noch zur
Zeit irgend jemand gestehen mochte, denn schon
seit einiger Zeit keimten Plane in seiner Seele,
die ohne diese wunderbare Lage, in welche er,
er wußte fast nicht wie, geschleudert worden
war, wohl nie bey ihm Platz genommen haben
würden.

Einige Briefe an die Gräfin von Mannsfeld,
die er aus Bonn an sie abließ, werden vielleicht
etwas von dem, worauf wir zielen, ans Licht
setzen. —

Der Leser wird sich erinnern, daß, da wir
hier auf einigen Seiten die Geschichte mehrerer
Monate geschildert haben, diese Briefe nicht die
ersten waren, die Gebhard, seit er Agnesen zuletzt sah, an sie geschrieben, nicht die ersten,
die sie beantwortet hatte.

Gebhard an Agnes.

Die Aussichten werden immer drohender, fänd ich nicht Zuflucht in diesen Mauern, wo wollte ich sie sonst finden? — Man wütet in Kölln wider meine Freunde. Johann von B***o mein Freund, mein Mitgenoß in dem Forschen nach Wahrheit, mein Lehrer und Zurechtweiser, hat das Kloster verlassen müssen, um öffentlichen und heimlichen Nachstellungen zu entgehen. O Agnes, laßt euch nicht merken, daß ihr meine Freundin seyd, mein Unglük möchte auch euch hinreißen!

Im ganzen Ernst, Gräfin, ich ermahne euch, den Gegenstand unserer Unterredungen zu Ge= risheim ein Geheimniß bleiben zu lassen. Nicht den Theil derselben, welcher Liebe, eine Liebe, die ich gern heute vor Gott und der ganzen Welt bekennen möchte, zum Grunde hatte, nein, jene ernstern Unterredungen, die euch glauben lehrten, was ich glaube. Das öffentliche Ge= ständniß dessen, was wir als Wahrheit erkennen, würde euch so unglüklich machen als ich es bin, und in euch, hülflose, unschuldige Seele, in euch würde ich erst die Macht der Leiden fühlen lernen. Wagte man es euch anzutasten, so wür= de die Mäßigung, die mir so noth ist, Wuth, würden alle meine Schritte Verzweiflung werden.

O Agnes, wenn ich an euch denke, welche Gefühle überströmen mein Herz! Ihr seyd das einzige Mittel, mich mit meinem Schiksale auszusöhnen. Eure Liebe vergüldet mir die traurigsten Aussichten! — Gesetzt nun, es käm mit uns aufs äusserste, würde nicht dann vielleicht erst mein Glük angehen? — Ich weiß, ihr versteht mich nicht, auch ists jetzt noch nicht noth, mich deutlicher zu erklären, aber so viel ist gewiß, ich weiß auf jeden Fall, was ich zu thun habe.

Hat man mich nicht muthwillig aus meiner Ruhe aufgeschrekt? Hat man die Folgen vergessen, die dieses nach sich ziehen kann? —

Ich weiß, was ich dem Besten der Köllnischen Kirche schuldig bin, zu deren Oberhaupt mich das Glük machte, ich würde es nie vernachläßigt, ich würde mich in der Stille meines Glaubens gefreut haben, ohne ihn öffentlich zum Anstoß anderer zu bekennen. Die, welche glauben und leben wie ich, würde ich geduldet, und mit Klugheit unterstützt haben, ohne sie zum Nachtheil ihrer Gegner zu erheben. Bekehrungssucht ist kein Trieb meines Herzens, ich weiß, Tausende denken in der Stille wie ich, und hoffen völlige Aufklärung ihrer Brüder von einer bessern Zukunft, warum läßt man uns,

warum läßt man vornehmlich mich nicht den
stillen Weg gehen, den wir gewählt haben?
Warum zerreißt man den Schleyer, der ewig
undurchdringlich hätte bleiben können? Was
that ich, daß man einen Durchächteten, Ver-
jagten aus mir macht? — War ich ein Wüte-
rich? ein Tyrann meines Volks? Ein Ver-
schwender? ein Wollüstling? — Nein, selbst
die, welche mich wegen einiger tief in meinem
Herzen verschlossenen Meynungen von Land und
Leuten zu verjagen drohen, gestehen, daß ihnen
unter meiner Regierung wohl war, und daß alles Herzleid, das mir widerfährt, nur auf das
Uebel zu rechnen sey, das ich etwa künftig hätte
anrichten mögen.

Neumärks übel verstandner Eifer für seinen
Glauben hat mir im Grunde all dieses zugezo-
gen. Die Abstellung der Unruhen, die er durch
mißverstandenen Wahrheitseifer herbeygerufen
hatte, war nicht hinlänglich, den angerichteten
Schaden wieder gut zu machen. Das war ich
zur Besänftigung der beleidigten Kirche that,
nahm man, da einmal das Geheimniß meiner
wahren Meynungen verrathen war, für Zaghaf-
tigkeit und Heucheley, und hielt sich, weil man
diesem Wahn zu folge, mich nun verachten mußte, doppelt berechtigt, sich an mir zu vergehen.
— O Gott, von der kaum erstiegenen Höhe, so

schnell, so unverschuldet herab geschleudert zu werden!! —

Noch einmal, Gräfin, nichts tröstet mich in der gegenwärtigen Lage, als eure Liebe, erhaltet mir sie, und wir können einst noch glüflicher werden, als wir je hoffen durften.

Gebhard an Agnes.

Mein letzter Brief hat euch erschrekt? er ist euch ein Räthsel? Ihr zittert, daß ich das Wort Liebe, das wir bisher immer Freundschaft zu dollmetschen pflegten, so kühnlich nenne? — O Agnes, könnte ich euch alles sagen, was ich hierüber auf dem Herzen habe! Doch es wird ja endlich eine Zeit kommen, da ich öffentlich werde bekennen dürfen, was zu benken ich mich jetzt nicht mehr scheue.

Man hat mich auf einen wüsten dornenvollen Pfad geleitet, den ich nie zu betreten hofte, sprecht selbst, ob es mir nicht auch erlaubt seyn möchte, die Blumen zu brechen, die mir etwa auf demselben blühen? Das öffentliche Geständniß dessen, was ich für Wahrheit halte, führt manche Vortheile mit sich, die ich nicht vernachlässigen werde. Der Erzbischoff von Bremen

bekennt sich öffentlich zur proteſtantiſchen Lehre,
hätte er eine Agnes, er würde noch mehr thun.
Salentin war einſt der, welcher ich jetzo bin,
er entſagte ſeiner Größe, um in den Armen der
Liebe glücklich zu ſeyn; war dies unumgänglich
nöthig? — Laßt ſehn, ob nicht ein kühner Mann
Liebe und Hoheit mit einander vereinigen könnte.
Ihr wißt wohl, alles kommt in der Welt auf
kühne Wagnis an, das Glük iſt den Kühnen
hold; all : wird nach dem Ausgänge beurtheilt;
denkt nach über dieſe drey Sätze, und beurtheilt
nach denſelben meine Hofnungen, beurtheilt zugleich nach denſelben meine Verfahrungsart, die
ich wählen werde. Ihr könnt wohl denken, daß
ich in einem Falle, wo alles auf dem Spiele
ſteht, nichts aufs ungewiſſe wagen werde.

Der Kaiſer hat mich auf den Reichstag nach
Augſpurg beſchieden, aus Urſachen werde ich
nicht ſelbſt erſcheinen. Graf Solms, der treue-
ſte meiner Räthe, er, deſſen kluge vorſichtige
Politik euch aus Beyſpielen bekannt ſeyn wird,
reiſt an meiner Stelle, ihn begleitete der gelehrte Schwarz, nach unſerm guten Nordhauſen,
dem ich hier bey mir habe, der geſchikteſte, die
gute Sache der Wahrheit zu vertheidigen. Von
ihren Aufträgen ſchweige ich, werden die öffentlichen wohl aufgenommen, ſo haben ſie auch
noch etliche heimliche Werbungen, von denen
ich nichts ſage, als daß ſie abzirlen, den un:

glücklichen Gebhard, zum glücklichsten Fürsten
unter der Sonne zu machen.

Gebhard an Agnes.

Nichts von euren finstern Träumen! meine
Theure, muß die düstre Astrologie nun gar noch
hervorgesucht werden, um Eure und meine Schrek-
nisse zu vermehren? Der sonderbare Gang unserer Schiksale, sagt ihr, sey euch Unterpfand für
die Wahrheit jener Vorhersagungen? und eben
auf diese Wahrheit baut ihr die Unmöglichkeit,
— wenn auch alle andere Hindernisse weichen
sollten — mir anzugehören?

Wahrhaftig, Agnes, ich verstehe euch nicht!
und eben darum sage ich euch nur überhaupt:
Verabschiedet den Glauben an Dinge, welche
die Lehre, zu der ihr euch vielleicht einst öffentlich bekennen werdet, nicht begünstiget. O, meine Geliebte, wären alle andere Steine, die unserm Glücke im Wege liegen, so gewiß gehoben,
als ich jene Grillen bey der ersten Zusammenkunft mit euch zu heben gedenke, wir könnten
heute der Freyheit genießen, die ich uns erkämpfen will und muß.

Ja, erkämpfen will ich sie, wenn ich sie nicht durch die bloße Stimme der Wahrheit und der Rechte der Natur ersiegen kann. —

Die Nachrichten aus Augspurg lauten nicht eben vortheilhaft, aber denkt ihr, daß dies meinen Muth niederschlägt? o nein, eben durch diese Fehlschlagungen fühl ich mich gestärkt zu den kühnsten Streichen! Himmel, wie hat sich alles mit mir geändert! Es war eine Zeit, da ich unsere Fesseln für unauflöslich hielt, und bey dem Gedanken, Agnes vergessen zu müssen, verzweifeln wollte. Wiederum kam eine andere Zeit, da dämmerte mir wohl ein Ausgang aus unsern Labyrinthen, aber schüchtern wandte ich die Augen von demselben ab, und hielt den Blik, der heimlich nach ihm schielte, für Verbrechen. Man brachte mich aufs äusserste; ein gewisser Troz, der dem, der unverschuldet leiden muß, eigen ist, machte, daß ich meinen Gedanken mehrere Freyheit gönnte, als geschehen seyn würde, hätte man mich auf meinem stillen ruhigen Pfade nicht gestört. Meine Kühnheit wuchs mit jeder Minute, und jetzt bin ich in der Stimmung, wenn man mir nichts zugesteht, nichts zu schonen, wenn man mir alles versagt, alles zu wagen.

Man beschliesse über mich was man wolle; so viel ist gewiß, Agnes bleibt mein, und der Fürstenhut soll es, wills das Schiksal, auch blei-

ben! Ich müßte mich ja schämen, eure guten
Freunde und Rathgeber, die Gestirne, Lügen zu
strafen. Minneglük und Fürstengröße war es,
was sie mir verhiessen, darf ich es wagen, ihre
Gaben zu trennen.

———

Gebhard an Agnes.

———

Ich soll die Gestirne nicht mit ins Spiel bringen, wenn ich hoffen will, Euch völlig zu besiegen? — Recht wohl, meine Agnes, ihr wißt
ohnedem, wie sehr, seitdem ich heller denken
lernte, mein Glaube an diese Dinge gesunken
ist, ich kann ihrer jetzt nicht anders, als im
Scherz gedenken; und weil denn niemand scher-
zen kann, als der, welcher frohen Muthes ist,
so sehet ihr wohl, wie gut es um mich stehen
mußte, da ich meinen letzten Brief schloß.
„Ihr nennet mich verwegen, da ich bey so
trüben Aussichten so viel hoffe, ihr sendet mir
meine Briefe, die ihr ohnedem, wie ihr euch
ausdrükt, bey Euch nicht mehr zu bergen wisset, damit ich selbst den Unterscheid zwischen
dem ersteren und dem letzteren sehe, und urtheile, ob die höhere Stufe der Kühnheit, die ein

jeder bezeichnet, ordentlicher Gang der Gesin=
nungen eines vernünftigen Mannes, und nicht
vielmehr wachsender Rausch einer gefährlichen
Leidenschaft sey." Dies sind eure eigenen Wor=
te, meine Geliebte, und fürwahr, sie enthalten
eine harte Lection.

Höret hier mein Bekenntniß: Ja, ich habe
meine Briefe gelesen, von dem ersten, den ich
euch beym Anfang der köllnischen Unruhen, bis
auf den letzten, den ich euch vor zehn Tagen
schrieb. — Der Unterschied ist allerdings groß
zwischen diesen Kindern eines Vaters, in dem
ältern zeigte sich ganz der selige münchhafte Geb=
hard, der drückende Fesseln fühlen kann, ohne
sich den Wunsch, sie abzuschütteln, einzugestehn;
in dem jüngsten spricht der kühne Mann, der
das liebste Gut seines Lebens allenfalls mit Blut
zu vertheidigen gesonnen ist. Ob bey dieser ziem=
lich schnellen Fortschreitung zu stärkern und stär=
kern Gefühlen, der Rausch der Leidenschaft, die
jede neue Hofnung kühner macht, nicht das sei=
nige gethan hat, will ich unentschieden lassen,
aber für so berauscht müßt ihr Euren Gebhard
nicht halten, daß er wie ein Träumender hand=
le, und sich und Euch mit grundlosen Hofnun=
gen schmeichele; für so berauscht nicht, daß er
ohne Macht trotze, oder Plane hege, zu deren
Ausführung seine Kräfte zu schwach sind! —
Nein, Agnes, der verfolgte Churfürst von

Kölln iſt nicht ohne Freunde, die ihm nothfalls mit gewafneter Hånd beyſtehn werden, ſeine Rechte zu vertheidigen, wenn man fortfährt, hart gegen ihn zu handeln.

Ich könnte Euch mehr hievon ſagen, und alle Eure Zweifel auf einmal zum Schweigen bringen, wenn mich nicht eine Stelle Eures Briefes behutſam machte.

„Ihr wißt meine Schreiben nicht mehr bey Euch zu bergen,“ Himmel, Gräfin! worauf deutet dieſes? Auf Gewaltthat? auf Beſchimpfung derjenigen, welche die Anbetung der ganzen Welt verdient?

Sollte man ſich erkühnen, euch in dem Kloſter, das euch noch vor kurzem einmüthig zu ſeiner Oberin begehrte, unwürdig zu begegnen, eure Freyheit einzuſchränken, euch mit Argwohn zu quälen, oder nach Euren Geheimniſſen zu forſchen?

Nur ein Wort hievon, und meine Plane müſſen früher reifen, um Euch zu retten, und mein Glük zu beſchleunigen.

Ihr erhaltet dieſes Schreiben durch einen ungewöhnlichen Weg, der Ueberbringer hat Befehl, und wird auch Muſe haben, außführlich mit Euch zu reden. Sagt ihm alles, was ihr der Feder nicht vertrauen könnt, und vernichtet dieſen Brief augenbliklich, damit er weder mir noch Euch ſchade.

Der Argwohn, den Gebhards forgfame Liebe,
aus einem einigen Worte, in dem Briefe der
Gräfin, geschöpft hatte, war nicht ganz unge-
gründet.

Die Schiksale des Churfürsten von Kölln hatten Einfluß auch auf seine Freundin, unter diesem Charakter war Agnes bekannt, und unter
demselben mußte sie, so wie das Glük Gebharden den Rücken wandte, nach und nach immer
steigende Verdrießlichkeiten erfahren.

Die fromme alte Priorin, deren Führung das
Kloster, nach dem Tode der Frau von Waldburg, indessen übertragen worden war, starb
bald, nachdem der Churfürst die Gegenden von
Kölln verlassen, und zu Bonn Zuflucht suchen
mußte. Niemand dachte mehr an den ehemaligen Wunsch, der erledigte Stelle für die Gräfin
von Mannsfeld offen zu erhalten. Die Parthie,
welche jetzt in Kölln dominirte, eilte die Fürstin
von °**, eine Seitenverwandtin des bayerschen
Hauses, hereinzurufen; eine Dame, welche ganz
dazu gemacht schien, alle Absichten zu begünstigen, zu deren Ausführung man etwa ihrer Hülfe
brauchen konnte.

Agnes war zu klein in ihren Augen, als daß
sie dieselbe öffentlich gewürdigt hätte, viel No-
tiz von ihr zu nehmen; aber die Fürstin war
klug genug, einzusehen, daß sie an ihr eine Per-

fon von Wichtigkeit in ihrer Gewalt hatte, und
ſie unterließ nicht, dieſen Vortheil in der Stille
ſo viel zu nutzen, als es die kluge Vorſichtigkeit
der jungen Dame möglich machte.

Man wußte, wie theuer die Gräfin von Mannsfeld Gebharden von jeher geweſen war. Die
Spähungsfähigkeit, die den Kloſterfrauen eigen
iſt, hatte ſie im Beſitz einer Menge wahrer und
falſcher Anekdoten, aus dem Roman ihrer Liebe, geſetzt, auf welche ſie Muthmaßungen fort-
bauten, die ſie für ausgemachte Wahrheiten
ausgaben, und unter welchen die vornehmſte
war: Gebhards Proteſtantismus hänge genau
mit Agneſens Liebe zuſammen, und er würde
nie darauf gefallen ſeyn, einer fremden Lehre
Gehör und Beyfall zu geben, wenn dieſe, welche die Prieſterehe ſo ſehr begünſtige, ihm nicht
Hofnung ließ, der Gemahl der Dame zu werden, die zu ſtolz ſey, ſich ihm auf leichtere Bedingungen zu ergeben; ein Gewebe von ſchimpfli-
chen Dichtungen, deren ſich viel auf ſpätere
Zeiten fortpflanzten, um ein Paar unglüklich
Liebende, die nur Mitleiden verdienten, der
Nachwelt unter einem verhaßten Lichte vorzu-
ſtellen.

Gebhard, ſo wie wir ihn jetzt kennen, war
nicht der Mann, der das höchſte Gut des Menſchen, die Religion, irdiſcher Liebe aufopfern
ſollte. Seine Zweifel und ſeine Ueberzeugungen

Gebhard. I. Th.   Q

waren älter, als seine verneuten Hofnungen auf
die Gräfin von Mannsfeld. Zu der Zeit, die
für seinen Glauben unwiderruflich entschied,
war für ihn keine Agnes mehr auf der Welt,
und als jetzt unverhoftes Wiedersehen alle Ge=
fühle erneuerte, so war er so weit entfernt, küh=
nen Hofnungen den Zugang zu verstatten, daß
er vielmehr einen Kampf zwischen Liebe und
Pflicht in seinem Herzen beginnen sah, in wel=
chem offenbar die letzte die Oberhand behalten
haben würde, wenn nicht äußerliche Umstände
eine Aenderung herbeygeführt hätten.

Man nöthigte ihm ein Geständniß der Mey=
nungen ab, die er vielleicht ewig verholen ha=
ben würde, man beleidigte, kränkte, erbitterte
ihn durch immer neue Verfolgungen, man drohte
ihn mit Entsetzung seiner Würde; was Wunder,
wenn nun auch er nichts mehr schonte, und den
kühnsten Entwürfen Raum gab; wenn er sich
für berechtigt hielt, alle Vortheile der Lage zu
nützen, in welche man ihn gebracht, alle Blu=
men des dornenvollen Wegs zu pflücken, auf
welchen man ihn geschleudert hatte. Agnesen
wollte er besitzen, das erlaubte ihm die Religion,
zu welcher er sich nun öffentlich bekannte; seine
Fürstenwürde wollte er darum nicht aufgeben,
dieses entschuldigte sein hoher Muth, und die
Gewißheit, sich mit großen Dingen zu schmei=
cheln, die dem Mann von dreyßig Jahren, dem

bisherigen Günstling des Glüks, wohl zu verzeihen war. Wäre es ihm gelungen, die Nachwelt würde bey weitem nicht so viel Ursach haben, sich darüber zu wundern, als über viel
andre Dinge, welche zu jenen Zeiten, durch
Gunst und Macht des Geldes glükten; diese
beyden Dinge hätte Gebhard nur im Ueberfluß
haben dürfen, nie würde er ganz gesunken seyn.

Dieser Mann, den wir in diesem Punkte gerechtfertigt haben, bedarf es wohl kaum, daß
wir ihn in Rüksicht der übrigen gerisheimischen
Lästerungen entschuldigen. — Nie hatte er Agnesens Besitz auf Bedingungen gesucht, die bey
den geistlichen Herrn seiner Zeit etwas gewöhnliches waren; nie hatte sie Ursach gehabt, ihn
hier zurükzuweisen; die Nothwendigkeit, dieses
zu thun, würde der Liebe und Hochachtung gegen ihn, bey ihr ein schnelles Ende gemacht haben. Eben so wenig wünschte sie, seine Gemahlin zu werden. Ungeachtet des fast völlig ge-
tilgten Glaubens an die Gestirne, schwebte ihr
doch Sidoniens Urtheil beständig im Sinn:
„Du wirst deinem Gemahl mit deiner
Hand dauerndes Unglük zubringen;
soll dein Gebhard diese traurige Mit-
gift von dir erhalten?"

Dieses unschuldige Paar war es, zu dessen
Verfolgung sich jetzt alles vereinigte; sie ging
zu Gerisheim so weit, daß man, bey dem star-

ßen Verdacht eines geheimen Briefwechsels mit
dem unglüklichen Fürsten, würklich sich der Papiere Agnesens bemächtigte, so daß Gebhards
Schreiben, der großen Untersuchung nur durch
die Vorsicht, oder durch die zärtliche Thorheit
entgingen, die ihnen den Plaß zunächst dem
Herzen derjenigen anwies, an welche sie gerichtet waren.

Auch hier waren sie nicht mehr sicher, an
eben dem Tage, da Agnes die ganze Sammlung
ihrem Geliebten durch den gewöhnlichen treuen
Boten zufertigte, hatte sie den Befehl von der
Aebtißin erhalten, in Zukunft in ihrem Zimmer
zu schlafen. Sie konnte die Ursach dieses Be-
fehls muthmaßen, sie war froh, so gleich Gelegenheit gefunden zu haben, ihre Geheimnisse in
Sicherheit zu bringen, und lachte heimlich, als
sie sich des Abends beym Auskleiden genau be-
obachtet merkte, und des Nachts gar deutlich
die Hand einer vorwißigen Schwester unter ihrem Kopfküssen spürte, nach Dingen zu spähen,
die nun nicht mehr vorhanden waren.

Die Haussuchung, welche man in ihrer Ab-
wesenheit auf ihrem Zimmer gethan hatte, war
eben so fruchtlos abgelaufen, und in allen Zir-
keln der Nonnen, ward an diesem Tage erwie-
sen, die Gräfin von Mannsfeld sey entweder unschuldig, oder die schlaueste Creatur unter der Sonne.

Bey der strengen Aufsicht, unter welcher die
Gräfin von nun an im Kloster gehalten wurde,
wäre es unmöglich gewesen, Nachricht von ihrem Freunde zu erhalten, oder ihm dergleichen
zuzufertigen. Briefe auf dem gewöhnlichen Wege würden in unrechte Hände gefallen seyn:
aber Gebhards vorsichtige Liebe ahndete dieses
und wußte vorzubeugen.

Nicht die köllnischen Mönche allein hatten den
Vorzug, einen helldenkenden Bruder Johann
unter sich zu zählen, auch in dem Franziskanerkloster zu Bonn gab es, wie sich unsere Urschrift
ausdrükt, Forscher und Erkenner der Wahrheit.

Gebhard, ein Herr, welcher jedermann Zutritt verstattete, selbst wenn er Ursach hatte,
Zweifel in seine Redlichkeit zu setzen, lebte auch
mit den Vorstehern des genannten Klosters in
gutem Vernehmen, er besuchte ihre Kirche oft,
bezeigte Wohlgefallen an unterschiedlichen Predigten, die er allda hörte, und nahm und gab
im Umgang mit den geistlichen Herrn, so viel
schöne Sentenzen, von friedlicher Verträglichkeit
und Religionsduldung zum Besten, als man nur
in dem Jahrhunderte, in welchem wir jetzo leben, hören mag.

Gebhard hörte alle von den Brüdern, die sich
ihm nahten, und begegnete ihnen freundlich,
traute aber nur einem, der sich ihm durch un-

zerkennbare Proben nach und nach als einen
zweyten Bruder Johann bewies, und endlich
sein Vertrauen in solchem Grad erhielt, daß er
sich entschloß, seiner Hülfe in einer sehr kützlichen
Sache zu gebrauchen.

Bruder Jakobus dachte im Grunde in allen
Lehrsätzen mit Gebharden überein, mit Behutsamkeit, die keinen Verdacht der Schmeicheley
übrig ließ, hatte er dieß seinem vornehmen
Freunde endlich eingestanden, und ziemlich frey=
müthig einige Lehren hinzugefügt, die der Chur=
fürst nicht übel aufnahm, und zu mehrerer Vor=
sichtigkeit in seinem Betragen zu brauchen muß=
te. Dieser Mann war es, der Gebharden gera=
de an dem Tage, da er durch Agnesens letztes
Schreiben aufmerksam gemacht worden war, in
den Weg kam, und von ihm, nicht erst Mit=
theilung jener Geheimnisse, — die wußte er
längst — sondern den Auftrag erhielt, hier zu
rathen.

Nach vielfältigem Hin = und Herdenken auf
beyden Seiten ward der Entschluß gefaßt, Ag=
nesen künftig keine Briefe, als durch Jakobs ei=
gene Hand, zukommen zu lassen, welchem es,
vermittelst einiger Bekannten, die er zu Geriß=
heim hatte, nicht schwer ward, in Agnesens Klo=
ster Zutritt zu finden.

Liebende und ihre Vertrauten verstehen sich
leicht, die Unterhandlungen der Gräfin von

Mannsfeld mit einem Religiosen, der jedermann im Kloster bekannt, und nur ihr fremd war, erregten keinen Verdacht. Briefe kamen und gingen durch diesen Weg, und Plane wurden reif, deren Ausführung sich nun fast nicht länger verzögern ließ.

Es war mit der Gräfin so weit gekommen, daß sie nun sich in Gebhards Armen werfen, oder Schritte thun mußte, deren Zurüknehmung ihrem zarten Gewissen unmöglich gewesen seyn würde. Man drang in sie, endlich ein Gelübde abzulegen, zu welchem sie sich in der That ein wenig lang vorbereitet hatte. Man forschte tiefer nach ihren Grundsätzen, und da sie diese nicht allzuwohl bergen konnte, so erfolgten Drohungen, welche das Blut der Gequälten zu Eis machten, und von deren Erfüllung sie völlig überzeugt war.

Sie mußte fliehen oder sich ergeben. Jakob rieth zu keinem von beyden, seine Klugheit fand einen Mittelweg. Ohne weitere Rükficht auf Gebhard war er zu fromm, einem mit weltlicher Liebe angefüllten Herzen zum Klostergelübde zu rathen, und zu sein fühlend, um Flucht in des Geliebten Arme zu begünstigen. Agnesens und Gebhards Schikfal jammerte ihn, aber er fühlte, daß wenigstens jetzt, ihre Verbindung Unglük für beyde seyn würde, dies hatte er Gebharden oft gesagt, dies sagte er auch der Grä-

fln, und er fand bey ihr sehr leicht Einwilli=
gung zu dem, was er für das beste hielt.

Agnes, die die größte Zeit ihres Lebens unter
Fremden zugebracht hatte, weil ihre nähern Ver=
wandten kalt gegen sie waren, hatte noch einen
Vater und einen Bruder, welche viele Jahre
lang in fremden Kriegsdiensten abwesend gewesen
waren, zuletzt dem Kaiser wider die Türken ge=
dient hatten, nnd nun mit dem alten Grafen,
Karl Mannsfeld, Agnesens Oheim, siegreich
zurükkehrten. Der Vater und der Bruder der
jungen Gräfin, die sie zuletzt fast noch als
Kind gesehen hatten, liebten sie, und die Nach=
richten des alten Grafen, ihres Verwandten,
mit dem sie an der türkischen Gränze zusammen
getroffen hatten, vermehrten ihre Zuneigung ge=
gen diejenige, die sich auf des weisen Jakobs
Rath jetzt entschloß, sich in ihre Arme zu wer=
fen, und bey ihnen, die allein das Recht hat=
ten, sie zu beschützen, Zuflucht vor den Bedräng=
nissen des Klosters, Zuflucht vor ihrem eigenen
Herzen zu suchen.

Jakob übernahm es, den drey Helden Nach=
richt von ihrer Tochter, Nichte und Schwester
zu geben, und sie zu ihrer Hülfe herbeyzurufen.
Nachdem er dieses Geschäft wohl und glüklich
verrichtet hatte, kehrte er in sein Kloster zurük,
und überließ es ihren Verwandten, inskünftige

ein Schikfal zu ordnen, zu deſſen Lenkung er
ſich nicht klug genug dünkte.

Die drey Grafen von Mannsfeld erſchienen
zu Gerisheim, und ihre Gegenwart gab auf einmal Agneſens Angelegenheiten ein ganz anderes
Anſehn. Sie erklärten, daß die junge Gräfin,
mit ihrer Bewilligung, wie den Schleyer nehmen ſollte, befriedigten das Kloſter mit reichen
Geſchenken von der türkiſchen Beute, hörten einige ſchlangenartige Ausfälle auf ihre geheime
Geſchichte kaltblütig an, und eilten mit der Ge-
retteten davon nach der Freyſtatt, die ſie ihr bereitet hatten.

Hier war es, wo Agnes ſich ihren Verwandten zu Füßen warf, und ihnen alle Geheimniſſe
ihres Herzens enthüllte, hier war es, wo ſie
ihnen feyerlich zuſchwur, wie einen Schritt zu
begünſtigen, der mit ihren Wünſchen nicht über-
einſtimmte, und hier endlich war es, wo ſich ihr
Schikfal auf eine Art entwickelte, die ſie zwar
damals für Glük hielt, die aber — doch ſollen
wir unſre Leſer abſchrecken, dieſe Blätter zu Ende zu leſen?

Gebhard sahe den gutherzigen Mönch, der Ag=
nesens Entschlüsse so vernünftig geleitet hatte,
nicht zurückkommen, aber das gemeine Gerücht
sagte ihm, daß sie das Kloster verlassen, und sich
unter den Schutz ihrer Verwandten begeben hät=
te. — Die Bedrängnisse, welche Agnes im Klo=
ster ihm zu Liebe erlitten hatte, blieben ihm
nicht verschwiegen und erhöhten seine Erbitterung.
Er wollte seinen Feinden zeigen, daß er sie nicht
fürchte und Agnes rächen.

Sein Verlangen, sich ihren Besitz zu versi=
chern, war jetzt auf das höchste gestiegen, und
er säumte nicht, dieses Glück da zu suchen, wo
es allein mit Anstand geschehen konnte, in dem
Hause ihres Vaters.

Heimlich verließ er Bonn, und die Grafen
von Mannsfeld sahen den vornehmen Fremden
in ihrem Hause, ohne ihn zu kennen, oder sein
Anbringen zu ahnden. Sein Aeusserliches, das
bey dem geringen Gefolg, und unter der schlech=
ten Kleidung, die er absichtlich gewählt hatte,
doch den Fürsten nicht verleugnen konnte, erregte
Aufmerksamkeit, ehe er sich zu erkennen gab, und
die hinreissende Beredsamkeit, einer seiner vorzüg=
lichsten Gaben, vollendete, was schon sein erster
Anblick über die Herzen gewonnen hatte.

Herr Churfürst, schrie der alte General
Mannsfeld, ehe er den Eingang seiner Rede noch

ganz geendet hatte, ich kannte euch nie zuvor
so, wie ich euch jetzt kennen lerne; ihr seyd so
groß als unglücklich, und wir alle sind begierig
zu hören, womit wir euch die Theilnahme be=
zeugen sollen, die Euer Schicksal bey jedem
unbefangenen Herzen erregen muß.

Agnesens Bruder, ein junger Mann, voll
Muth, Heldenfeuer und schwärmerischer Gefüh=
le, schwur bey seinem Schwerde, den letzten
Blutstropfen daran zu setzen, Gebhards Gerecht=
same und das Beste der Religionsparthey, zu
welcher er sich bekannte, gegen alle Feinde zu
vertheidigen.

Ihr irrt, Herr Graf, erwiederte Gebhard
mit Lächeln, wenn ihr glaubt, eure Hülfe zu
suchen, sey ich hieher gekommen. Ich ehre euer
tapfres Schwerd, ich werde glücklich seyn, wenn
ihr es einst so siegreich für mich, als gegen die
Türken braucht; aber dies wollte ich jetzt nicht.
— Ein andrer Wunsch erfüllt mein Herz —
Euer Haus besitzt ein Kleinod — dieses zu mei=
nem Eigenthum zu machen — der Vater der
schönen Agnes versteht mich; — auch ihr Oheim;
und die Bewilligung meiner Bitte lese ich in ih=
res Bruders Augen.

Der wilde voreilige Friedrich Mannsfeld mur=
melte Bestätigung dessen, was Gebhard in sei=
nen Augen zu lesen glaubte, der alte General
nannte den Namen Carl Truchseß, mit zur Erde

gesenktem Blick, und Agnesens Vater, der all
diese Zeit über geschwiegen hatte, fragte mit einem tiefen Seufzer, ob dies die Zeit sey, auf
Heyrathswerbungen zu denken?

Eben jezt, jezt, mein Vater, schrie Friedrich
Mannsfeld; jezt muß Gebhard beweisen, daß
er seinen Feinden zu trotzen weiß, und wir?
jezt müssen wir ihm Agnes geben, wenn wir
uns des Verdienstes rühmen wollen, den redlichen Mann im Unglük nicht verkannt zu haben!

O mein Bruder! schrie Gebhard, indem er
Friedrichen in die Arme schloß, nie will ich euch
eure mächtige Vorsprache vergessen! Doch ent-
zückt es mich, Euch zu sagen, daß ich nicht so
unglücklich bin, als ihr mich haltet. Welch ein
Unmensch müßt ich seyn, meine Lage mislich
zu finden, und meine Geliebte, die um meinet-
willen so viel erduldete, gleich zum Anfang unserer Ehe in ein Labyrinth von Elend führen zu
wollen! — Nein, zugegeben, daß Pabst, Kaiser
und Reich wider mich sind, so ist wenigstens die
Hälfte meines Volks samt dem Domkapitul zu
Kölln für mich, laßt die Mönche schweigen,
so erklärt sich das ganze Lad zu meinem Besten.
Mich haßt sicherlich niemand, und wie wenig
man von mir zu fürchten habe, das soll mir leicht
seyn, meinen befriedigten Unterthanen vor die
Augen zu legen.

Nicht gut, nicht gut, Herr Churfürst! schrie

der General, ich wollte, daß man Euch fürchten müßte, dies würde Eure Sache mächtig verbessern.

Auch dieses, wenn ihr wollt, fuhr Gebhard fort; bin ich gleich aus Kölln so gut als vertrieben, so sitze ich an andern Orten desto fester. Auf meine Festungen Bonn und Kaiserswerth, glaube ich, kann ich trotzen, aus Westphalen erwarte ich ein ansehnliches Heer in den nächsten Tagen, alle protestantische Mächte müssen auf meiner Seite seyn. Pfalzgraf Kasimir hat geschworen, den lezten Blutstropfen bey mir aufzuopfern. Solms Nassau, Geroldseck und mehrere stehen an meiner Seite; glükt mirs hiezu auch die Grafen on Mannsfeld zu gewinnen —

Ich wollte, sagte Agnesens Vater, ihr könntet euch so gewiß der nehmlichen Hülfe von England, Holland, Sachsen und Brandenburg rühmen.

Auch diese werde ich gewinnen, wenn das Glück mir nur ein wenig leiht; vor der Hand ists genug, wenn sie nur nicht wider mich sind.

Die beyden alten Grafen von Mannsfeld wollten die Sache in Ueberlegung ziehen, Friedrich fand Ueberlegung bey einer Werbung, wider die er nicht eine einige Einwendung hatte, zu langweilig. Er liebte seine Schwester mit Feuer, er hatte ihre Geschichte mit tiefer Rührung aus ihrem Munde gehört, für Gebharden war erstes Blik eine unnennbar Zuneigung in seiner Seele

erwacht, die Verbindung mit einem mächtigen
Fürsten schmeichelte seiner Eitelkeit, die Sache
des Protestantismus, für die er mit schwärme-
rischem Eifer glühte, mischte sich hier mit ein;
und machte sein Interesse desto lebhafter; auch entzückte ihn der Gedanke, bey Gebhards noch
zweifelhaften Aussichten, schnell wieder Arbeit
für sein Schwerd zu finden, das er höchst ungern in die Scheide steckte, und immer siegen zu
sehn gewohnt war.

Er versicherte Gebharden nochmals seines Bey-
tritts, und führte ihn, während die beyden
alten Herrn der Ueberlegung pflogen, zu seiner
Schwester, welche die Ankommenden auf ihrem
Zimmer betend fanden, und die beym schnellen
unvorbereiteten Anblick ihres Geliebten in eine
Bewegung gerieth, welche sie der Ohnmacht
nahe brachte.

Ueberraschung hebt alle Geseze der Zurückhaltung auf. Agnes stand auf von der Stelle,
wo sie gekniet hatte, sie wollte dem Churfürsten
entgegen gehen; aber sie schwankte, und Schwä-
che, oder Uebermaaß von Freude und Zärtlichkeit,
machte, daß sie ihrem Geliebten in die Arme
stürzte, welche er ihr entgegen breitete. Lieb-
kosungen wurden gegeben und angenommen,
Worte voll Liebe und Leidenschaft gewechselt,
Thränen vergossen und Fragen gethan, die niemand verstand oder beantwortete.

So, schrie Friedrich Mannsfeld, der voll theilnehmenden Entzückens dabey stand, so wird meine Schwester geliebt? so liebt sie wieder? und diese Liebe sollte getrennt werden? Nein, so wahr ich Graf Mannsfeld heisse, das dulde ich nicht, und sollte ich mein Leben daran wagen!

Friedrich verließ die Liebenden, die sich wahrscheinlich viel zu sagen hatten, und ging nach dem Zimmer, wo sein Vater und sein Oheim in tiefen Beratschlagungen beysammen saßen. Der alte General hätte freylich seine Nichte dem edeln Karl Truchseß, Gebhards Bruder, lieber gegönnt, der bey dem Zug wider die Türken, durch seine ausgezeichnete Tapferkeit, vollends ganz sein Liebling geworden war; aber ach, dieser junge Held wurde seit dem lezten Treffen vermißt. Bey der großen Niederlage, die die Türken zu Jasprin, unweit Zolnok litten, focht er noch an der Seite des Erzherzogs Maximilian, aber die Freude des Siegs theilte er nicht; man suchte ihn unter den Erschlagenen, spähte nach ihm unter den Gefangenen, die der fliehende Feind durch die hämischste aller Kriegslisten davon brachte; aber er war und blieb verloren, und der Erzherzog theilte mit den Grafen von Mannsfeld die Trauer über den Verlust eines der edelsten Helden.

Er, dieser so schmerzlich beweinte Karl Truch-

feß war es, deſſen Andenken jezt die Freude des
alten Generals trübte; er hätte ſich vielleicht
eher entſchloſſen, ſein Ja zu Agneſens Vermäh=
lung mit dem Churfürſten von Köln zu geben,
hätte es ihm nicht ein Raub gedünkt, dem einen
Bruder das zuzuſagen, was er dem andern lie=
ber gegönnt hätte.

Johann Georg von Mannsfeld, Agneſens
Vater, würde durch keine Bedenklichkeiten zwei=
felhaft erhalten, als durch die, welche ſich aus
Gebhards zweifelhaften Lage ergaben. Dem
Churfürſten mit Leib und Leben, mit Gut und
Blut zu dienen, ſich für die Sache der Prote=
ſtanten, die an ſein Schickſal gebunden zu ſeyn
ſchien, aufzuopfern, dazu war er ſo feſt ent=
ſchloſſen, als der alte General und der junge
Friedrich; aber ſeine Tochter auf einen ſchwan=
kenden Fürſtenſtuhl zu erheben, Gebhards be=
denkliche Lage durch einen gewagten Schritt zu
verſchlimmern, dies ſchien ihm mehrerer Ueber=
legung werth, und ſein Enſchluß würde vielleicht
nicht ſo ſchnell, nicht ſo vortheilhaft für die Lie=
benden ausgefallen ſeyn, wenn das Glück nicht
der Schaale, in welcher Gebhards zweifelhaftes
Schikſal lag, eben jezt durch Beytritt einiger
mächtigen Freunde, das Uebergewicht gegeben
hätte.

Bis jezt waren noch der Graf von Naſſau
und Pfalzgraf Kaſimir, die mächtigſten Freunde

des Churfürsten gewesen. Den Herzog von Lauenburg rechnete er auch unter dieselben, (mit wie vielem Rechte wird man vielleicht in der Folge sehen) — aber jetzt kam die Zeit, da sich noch mächtigere Fürsten für ihn erklärten. Während der Werbung um Agnes und der genommenen Bedenkzeit, schikte der Churfürst von der Pfalz und der von Brandenburg, ihre Gesandten, Gebharden Hülfe und Vermittelung zu versprechen; er begab sich von Graf Mannsfelds Schlosse, das dieser erst kürzlich in dieser Gegend gekauft hatte, nach *) Rosenthal, die Gesandten anzuhören, und ihr Anbringen war so, daß es ihm die schönsten Aussichten gewährte, und alle Zweifel auflößte, welche Agnesens Verwandte noch hätten haben können, sie an sein ungewisses Schicksal zu fesseln.

Gebhard, von Natur geneigt leicht zu träumen und offen zu handeln, legte den Männern, die von den beyden Churfürsten an ihn abgesendet worden waren, treuherzig die ganze Lage seiner Sachen vor Augen, er verschwieg ihnen nichts, selbst den Schritt nicht, den er jezt im Begrif stand, zu thun, seine Vermählung mit Gräfin von Mannsfeld.

---

*) Roßberg nach einigen.

Gebhard. 1. Th.   R

Ein Schimmer von Misbilligung blickte aus den Augen der beyden redlichen Männer, doch als sie hörten, wie weit die Sache schon gegangen sey, daß die Einwilligung der Verwandten, Agnesens da sey, und man die Braut nächstens zu Rosenthal erwartete, da schwiegen sie, und liessen sich Gebhards Einladung gefallen, als Zeugen bey der Trauung gegenwärtig zu seyn.

Diese Trauung ward indessen noch eine kurze Zeit durch einen Umstand aufgehalten, den wir dem Leser nicht verschweigen müssen, weil er ihm einiges Licht über das Urtheil aufstecken wird, welches damals von Gebhards und Agnesens Verehlichung gefällt ward. Gebhard hatte den schon oft genannten protestantischen Prediger Nordhausen, der sich jezt zu Bonn aufhielt, einladen lassen, die Ceremonie zu verrichten, und man sehe hier, was ihm dieser kluge Mann zur Antwort überschrieb.

Nordhausen an den Churfürsten von Köln.

„Mit tiefer Rührung erkenne ich die Ehre, die Ew. Churfürstliche Gnaden mir zudenken. Es würde einem alten treuen Diener keine kleine Freude seyn, den Segen über eine Verbindung zu sprechen, welche sein Herr die Fülle seines Glücks nennt, aber eben diesem alten treuen Diener sey es auch erlaubt, einige Einwendun·

dungen gegen daßjenige zu machen, was meinem
Urtheil nach, vielleicht nur falscher Wahn seyn
könnte.

Ist Gebhard auch überzeugt, in einer Lage
wie die gegenwärtige die Fülle des Glücks, in
den Armen einer geliebten Gemahlin zu finden?
Sind dies auch würklich die Zeiten, da wir
drauf denken dürfen Ehebündnisse zu knüpfen,
und frohe Hochzeitfeste zu feyern? — O, daß
mein Fürst der Stimme eines redlichen Rathge-
bers trauen, und die Früchte des Glücks nicht
früher brechen wollte, bis sie reif sind! Die
Gräfin von Mannsfeld, die ihrem Gebhard ihr
Herz so manches Jahr treu erhielt, wird ja gern
mit ihm ruhigere Zeiten erwarten, da keine
Furcht naher Trennung, keine Aussicht auf blu-
tige Auftritte ihre Freuden trüben, da nicht die
Besorgniß sie wird beunruhigen dürfen: Was
wohl die Welt von dem Gelübde denken möchte,
das sie heute beschworen hat.

O mein Fürst, die Welt ist nur gar zu geneigt, demjenigen, den sie einmal haßt, Fehler
aufzubürden, mit denen sie ihre Verfolgungen be-
schönigen kann! — Diejenigen, welche bisher keine
Ursache hatten zu zweifeln, Gebhard habe aus
redlicher Ueberzeugung sich zum Protestantismus
gewandt, werden gar bald den edlen Entschluß,
den er, ich weiß es, blos der Wahrheit zu Liebe
faßte, auf Weiberliebe rechnen. Gebhard, werden

R 2

werden sie sagen, ward treulos an seiner Kirche,
weil eine andre ihm Freyheit ließ, ehelich zu
werden. Diejenigen, welche euch vorher bewun=
derten, anhiengen, zu helfen gesonnen waren,
werden lächelnd an die Seite treten, und spre=
chen: was ists noth Blut zu vergiessen, damit
ein geistlicher Fürst sich vermählen darf? er fech=
te die Sache seiner Liebe allein aus, oder er
thue Verzicht auf den Fürstenhut, so wird nie=
mand seinen Wünschen weiter entgegen seyn; —
und ihr, ihr werdet den blos, vertheidigungs=
los, dem Unglück preis gegeben sehen, noch
mehr, ihr werdet die, welche ihr liebt, mit euch
unglücklich machen, blos — weil ihr einen vor=
eiligen Schritt thatet, der, wenn Liebe Bestän=
digkeit und geduldiges Ausharren zu Begleite=
rinnen hat, noch Jahre lang hätte verschoben
bleiben können.

Bedenket, o bedenket mein theurer Fürst, was
für Schade für den Protestantismus, was für
Aergerniß für schwache Seelen, was für Unglück
für euch selbst aus dem entstehen wird, welchem
ich für den gegenwärtigen Augenblick, schlech=
terdings meinen Beyfall versagen muß. — Ich
wünschte, der Churfürst von Köln kehrte statt
der Feyer der Hochzeitfeste lieber in seine Stadt
zurück, wo seine Gegenwart beginnt höchlich
noth zu werden.

Graf Neumark ist, wie aus vergangenen
Dingen schon zur Gnüge erhellt, so voreilig als
edel und gutmeinend er ist; kein Mensch kann
seinem Herrn treuer dienen als er, aber eben
diese Treue macht ihn zu Schritten geneigt,
welche man auf die Rechnung seines Fürsten
schreiben, und ihn dafür büßen lassen könnte.
Von den übrigen Verhältnissen in dieser Stadt
kann ich wegen der Furcht der Weitschweifigkeit
nicht viel gedenken. Ob dem Bürgermeister zu
Bonn, Michael Pirklern, ganz zu trauen sey,
weiß ich nicht; auch wider die falschfreundlichen
Franziskaner habe ich Zweifel. Wo ist der ehr-
liche Bruder Jacob hingekommen, den Ew. Churfürstlichen Gnaden vor einiger Zeit in Geschäften
nach Gerisheim schickten? Nach seinem Kloster
zurückgekehrt ist er, das weiß ich aus den
Nachforschungen, zu denen mich die Besorgniß
um ihn anreißte, aber — hier stocken meine
Nachrichten! — Hat er vielleicht für die, seinem
Fürsten erzeigte Treue büssen müssen? und ist
das Verfahren gegen den Diener vielleicht Unterpfand von dem, was man gern wider den Herrn
verüben möchte?
Ew. Churfürstlichen Gnaden empfahlen uns
bey Dero heimlichen Abreise das Einverständniß
mit dem grossen köllnischen Domherrn, dem Herzog von Lauenburg, zu unterhalten, aber ohne
unsere Schuld ist dieses gänzlich abgeschnitten,

ich weiß nicht, was klügere, als ich, hiervon
denken mögen, aber so viel ist mir längst be=
kannt, daß der Domherr gern Churfürst seyn
möchte, und also nicht der lezte seyn wird, sei=
nen Herrn von seiner Stelle zu drängen.

Verzeihet, mein Fürst, daß ich auch Wermuth
in eure Hochzeitfreude mischte, ich gestehe es
offenherzig, ich wünschte nicht allein sie zu ver=
bittern, nein, vor jetzt gänzlich zu verschieben.
Mißlang mein wahrhaftig treugemeintes Vorha=
ben, so bitte ich nur dieses, man fordere mich
nicht auf zu Knüpfung eines Bandes, dem so
viel Unheil droht, ein anderer genießt die Ehre,
die mir zugedacht war, ich denke meinem Herrn
hier zu Bonn nützlicher dienen zu können, als
am rosenfeldischen Traualtar.

———

Ein Brief, wie dieser, hätte wohl Aufmerksam=
keit verdient, aber er war zu unangenehm zu
gefallen, zu lang, um ganz gelesen zu werden.

Gebhard legte ihn unwillig auf die Seite,
und war sich aus dem wenigen, was er von
demselben begriff, nur zweyer Nothwendigkeiten
bewußt, — ihn vor Agnes zu verbergen, und
auf einen andern Prediger zu Vollziehung des
Bündnisses zu denken, das nun einmal für seine
Wünsche nicht weiter hinausgesezt werden durfte.

Zacharias Ursinus, einer von den jungen
Feuerpredigern, deren wir im Anfang der köllnischen Unruhen gedachten, wurde herbeygerufen, und verrichtete willig und ohne Bedenken,
was dem grämlichen Nordhausen, diesen Namen
erhielt er von Gebhards Schmeichlern, zu thun
nicht gelegen gewesen war.

Agnes erschien an dem bestimmten Tage zu
Schloß Rosenthal. Niemand begleitete sie als
ihr Vater, Bruder und Oheim, nebst einer von
ihren verheyratheten Schwestern. Sie war schön
wie ein Engel, aber tiefe Trauer umhüllte ihr
Gesicht, und jede ihrer Reden zeigte, daß Gebhard, wenn ihm an Vollziehung seines Glücks
gelegen war, wohl gethan hatte, Nordhausens
Brief nicht vor ihre Augen kommen zu
lassen! — Ach ihr Herz war ohnedem nur
allzusehr von schwermüthigen Träumen beängstigt, sie bekämpfte ihre Zweifel und nannte sie
Hirngespinste, weil sie sie lediglich für Folgen
des ehemaligen Glaubens an die leidige Astrologie
und ihre Vorhersagungen annahm; aber immer
kehrte sie zurück, und stimmten so gut mit der
augenscheinlichen Lage der Sachen zusammen,
daß würklich Ueberwindung dazu gehörte, zu
thun was sie that, heimlichen Gram vor ihrem
Geliebten verbergen, und ihm mit heiterer Miene
am Altar die Hand zu geben.

Gebhard fühlte sich glücklich im Besitz seiner Geliebten, und es gelang ihm endlich, auch sie zu ruhiger Freude zu stimmen. Die alten Grafen von Mannsfeld waren gutes Muths, die beyden Gesandten und die Schwester der nunmehrigen Churfürstin waren zu artig, um eine Hochzeitlust mit finstern Mienen zu verderben, aber niemand erzeigte sich fröhlicher als Friedrich Mannsfeld, Agnesens Bruder; diese Vermählung schien ihm nicht nur Glück für eine geliebte Schwester, nein, auch das seinige zu seyn, sie war, so meynte er das Signal zu neuen Heldenthaten. Bey Aussichten, wie die gegenwärtigen, konnte das Schwerd nicht so lang in der Scheide bleiben, und schon rechnete er aus, in welcher Gegend es am ersten blinken würde.

Er so wohl als die beyden alten Grafen waren nach Abzug der Gesandten, die ein wenig kaltsinnig schieden, der Meynung, man müsse nun nicht säumen nach Bonn aufzubrechen.

Gebhard, der jetzt Muse gehabt hatte, Nordhausens treuherzigen Brief zu Ende zu lesen, und der das Ende desselben ziemlich bedenklich fand, ward der nehmlichen Meynung, und Agnes willigte ein, wie sie in alles, was Gebhard wollte, zu willigen pflegte.

Der Churfürst, auf eine Sicherheit trauend, deren Grund er in seinem kühnen und schuld-

losen Herzen fand, führte wenig bewaffnete Begleiter mit sich, aber sein treuer Freund, der
Pfalzgraf Kasimir, der seiner in der Nachbarschaft von Bonn wartete, sandte ihm einen
Trupp Reuter entgegen, die mit den Leuten der
Grafen von Mannsfeld ein ganz artiges Corps
formirten, das sich allenfalls vor keinem Feinde,
der in dieser Gegend zu erwarten war, scheuen
durfte.

Die Zusammenkunft der beyden Freunde war
voll herzlicher Freude. Der Pfalzgraf bewill-
kommte die Churfürstin, und sagte ihr mit der
Redlichkeit des Deutschen, und mit der an fran-
zösischem und englischen Hofe erlernten Feinheit,
alles was ihm die Bewunderung ihrer Person,
und die Freundschaft für ihren Gemahl eingeben
konnte. Sie ist so schön als die bewunderte
Königin von Schottland, für die ich sie schier
selbst gehalten hätte, sagte er zu Gebharden,
aber sie ist reizender als sie. Marien fehlt Agnesens Jugendblüthe, fehlt die holde Sittsam-
keit, die aus diesen Augen leuchtet, und die
Tugend und Treue, die gewiß, gewiß in diesem
Herzen lebt.

Agnes suchte ihren Lobredner bescheidentlich
von diesem Tone abzulenken, der ihr nicht son-
derlich gefiel, sie konnte sich nie mit der schott-
schen Marie vergleichen hören, daß ihr nicht die

fatalen Abentheuer mit dem Herzog von Orkney einfielen, die sie so sehr zu vergessen wünschte; auch kam die Unterhaltung bald auf andere Gegenstände.

Wer mögen die Leute gewesen seyn, fragte Gebhard den Pfalzgrafen, die uns gestern gegen Mitternacht begegneten? die Nacht war stürmisch und ungestüm, sich aufzuhalten würde, aus mehr als einer Ursach, bedenklich gewesen seyn, aber der Aufzug reizte meine ganze Neugier, die Leute schienen von den unsern zu seyn, sie hatten einige beladene Wagen bey sich, und schienen von Bonn zu kommen.

Ich will nicht hoffen, erwiederte der Pfalzgraf, daß Neumark den unbesonnenen Anschlag ausgeführt habe, den er mir neulich vertraute.

Welchen Anschlag?

Das erzbischöfliche Archiv zu entführen, und es zu eurem Besten zu Godesberg zu bergen.

Gott, welch ein Einfall! Läßt sich der Vortheil, den mir dieser Raub bringen kann, wohl mit dem Schaden vergleichen, der mir aus so einer Gewaltthat erwachsen muß? — Steht es mit mir schon so schlecht, daß ich meine eigene Stadt berauben muß, um mir Nutzen zu schaffen?

Herr Churfürst, es steht in der That nicht allerdings wohl zu Bonn, und die Gewaffneten, welche wir um uns haben, möchten uns nicht

unnüß seyn, unsern Einzug zu sichern. Michael Pirkler spielt die Rolle des Aufwieglers
unter der Bürgerschaft, und die Franziskaner
thun das nehmliche unter der Geistlichkeit. Neumark hat vielleicht so unrecht nicht gethan, einen Schaß zu entführen, nach welchem die Mönche schon beyde Hände ausgestrekt hatten.

Herr Pfalzgraf, rief hier der junge Friedrich
Mannsfeld, welchem Gebhard Nordhausens Brief
hatte lesen lassen, und der durch einen Theil
desselben sehr beunruhigt worden war, erlaubt,
daß ich eine Frage an euch thue, deren Beant-
wartung für mich Eile hat: In dem Franziskanerkloster lebte ein Mönch, der auffer den
Verdiensten, die ihn auch euch können bekannt
gemacht haben, um mich noch das besondere
Verdienst hatte, der Lehrer meiner Jugend gewesen zu seyn. Sein Klostername war Jakobus; er erzeigte meinem Hause nur noch neuer-
lich dadurch einen wesentlichen Dienst, daß er
ihm meine damals sehr unglükliche Schwester
in die Arme lieferte. Alle Liebe und Freundschaft erneuerte sich bey mir durch seinen Anblik, er schied von uns um in sein Kloster zu-
rükzukehren. Lebt er noch und wie gehts ihm?
Ich habe Ursach über sein Schiksal zweifelhaft
zu seyn.

Zweifelhaft? wiederholte der Pfalzgraf, dieses
zu seyn hat wohl nun kein Mensch fernere Ur-

fach. Sein Schikfal ist bekannt; er ist nicht mehr!

Ausrufungen des Schmerzes und des Erstaunens unterbrachen hier den Pfalzgrafen von allen Seiten, der seine kurze Trauergeschichte auf folgende Art endete.

Jakobs Treue gegen seinen Herrn, und die heimliche Anhänglichkeit an die Lehre, zu welcher wir uns alle bekennen, hat ihm den Tod gebracht. Er war keinem unter uns unbekannt, wir alle, die wir denken, wie der fromme Alte in der Stille dachte, wurden unruhig, von seiner Rükkunft ins Kloster zu wissen, ohne ihn wieder zu sehen; durch emsige Nachforschungen ward es uns gewiß, daß man ihn nach Ueberweisung seiner sogenannten Verbrechen — (dergleichen Ueberweisungen sind in Klöstern etwas leichtes) — eine Zeitlang in harter Gefangenschaft hielt, und ihm denn den Tod gab.

Es war niemand in der Gesellschaft, den Jakobs Schikfal nicht auf das lebhafteste interesirt hätte, alle beklagten ihn, und fluchten seinen Mördern; Agnes weinte, und beschuldigte sich die Ursach seines Todes zu seyn, aber Friedrich Mannsfeld fühlte Regungen, wie sie seiner Liebe für seinen Lehrer, seinem Haß alles Unrechts, und seinem wilden Temperamente angemessen waren; — der Ausbruch derselben würde gewaltsam gewesen seyn, noch hatte er Mäs-

figung genug, Verletzung des Wohlstandes durch
schnelle Entfernung zu vermeiden; — Was er
in der Einsamkeit, die er suchte, dachte, fühlte,
und aussann, wird die Folge lehren.

Die Nachrichten, welche Gebhard hier ver-
nahm, konnten ihm nicht gleichgültig seyn, und
Agnes fühlte in denselben die ersten Leiden ihres
kummervollen Ehestandes. — Die Reise nach
Bonn wurde mit gleicher Eil und Vorsichtigkeit
fortgesetzt, und es fand sich, daß beydes so wenig vergeblich gewesen war, als der Entschluß,
sich nicht ohne zahlreiche Begleitung den Thoren
zu nahen, die billig ihrem Fürsten hätten offen
stehen sollen.

Gebhard fand sie nicht geöfnet; mit gewaffne-
ter Hand mußte er sich Eingang verschaffen,
und da Friedrich Mannsfeld überall an der
Spitze war, so läßt sich urtheilen, ob hier Blut
geflossen seyn mag. Dieser junge Löwe schäum-
te Rache, der Pfalzgraf mußte es ihm mit
Ernst zu Gemüth führen, daß hier keine feind-
liche Stadt mit Sturm zu erobern wäre, und
daß es Vorsichtigkeit bedürfe, um dem, dem
man helfen wollte, durch Ungestüm nicht mehr
zu schaden. Wär es nach Friedrichen gegangen, wenigstens das Franziskanerkloster, wo
Bruder Jakobs Blut um Rache schrie, hätte der
Wuth der Soldaten Preis gegeben und geschleift
werden müssen. Mit solchen Gewaltthaten den

Anfang zu machen, würde wahrhaftig zu töd=
lich; als vortheilhaft für den Churfürsten gewe=
sen seyn, Friedrich erhielt eine nachdrükliche
Weisung, und mußte seine Rache auf bessere
Gelegenheit aufsparen, die sich bald fand, da
sich der klagenden Stimmen mehr wider die
Franziskaner erhuben, und es Gebharden, so
wie er sich in Bonn fest gesetzt hatte, fast zur
Pflicht machten, diese boshaften Mönche aus
der Stadt zu treiben, und sich ihres Klosters zu
bemächtigen.

Gebhard begann jetzt einiger Ruhe zu genies=
sen er gewann nach und nach das unselige Ta=
lent, sich über traurige Aspekten hinauszusetzen,
und die Stimme des Volks für nichts zu ach=
ten. Die Stadt hatte ihn wider Willen auf=
nehmen müssen, er hatte es gewagt, eins ihrer
vornehmsten Klöster von seinen Bewohnern zu
leeren. Der Raub des erzbischöflichen Archivs
kam auf seine Rechnung, einige setzten auch
noch Plünderung des erzbischöflichen Schatzes
hinzu, wovon wir aber nichts wissen, es müßte
denn seyn, daß die Geldgier der schlechtbesolde=
ten Kriegsleute, und die Nothwendigkeit hier und
da die Ruhe mit Golde zu erkaufen, Gebhar=
ben genöthigt hätte, etwas von Schätzen anzu=
greifen, die hier ungenutzt vermoderten.

Zu dem Unwillen, den diese Dinge bey dem
Volke erregten, kam auch noch der Verdruß

über Gebhards Vermählung. Die Schönheit
und Huld der Churfürstin verminderte nicht das
Vorurtheil, das man wider die Ehe eines geistlichen Fürsten hatte, ihre Milde, die überall
Wohlthaten ausstreute, ward schief beurtheilt.
Der undankbare Pöbel murmelte, Agnes wollte
die Gemüther der Bürger zu Bonn mit ihrem
eigenen Gelde erkaufen, von dem beraubten erzbischöflichen Schatze, sey noch wohl ein kleiner
Theil auf die Armen der erzbischöflichen Stadt
zu verwenden, und was der Lästerungen mehr
waren, welche die fromme Churfürstin nicht treffen konnten, ja die sie nicht einmal erfuhr.
Was ihre freygebige Hand ausspendete, waren
kleine Gaben, die ihr die türkische Beute, General Mannsfelds Hochzeitgeschenk, erleichterte,
sonst besaß sie nichts. Weder als Geliebte, noch
als Gemahlin duldete sie, daß Gebhard ihr seine
Liebe durch Geschenke bewies, sie war eine gute
Wirthschafterin, brauchte für sich wenig, und
kannte die grossen Kosten, die die gegenwärtigen
bedenklichen Zeitläufte erforderten. Der einige
Aufwand, den sie machte, ging auf Handlungen der Mildigkeit, zu denen sie freylich sich immer reich genug fühlte.

Gebhard, nicht ganz so weise und mäßig als
sie, und ein wenig zu kühn auf das falsche Lächeln des Glüks, besann sich jetzt, da er zu
Bonn Ruhe hatte und zu haben glaubte, daß

der glülklichſte Tag ſeines Lebens, ſein Hochzeit=
tag, mit einer angebeteten Gemahlin zu Roſen=
thal nicht ganz ſo geſeyert worden war, wie es
die Größe des Feſtes erforderte. Der Pfalzgraf
ſein Freund, jung und ein Liebhaber des Ver=
gnügens wie er, rieth das Verſäumte nach zu
holen, und machte einige Plane zu Luſtbarkei=
ten, die wahrhaftig keinen Fehler hatten, als
daß ſie ein wenig koſtſpielig waren; er ſelbſt ſah
dieſen Fehler ein, und ſorgte dafür ihn zu ver=
mindern.

Kaſſmir war ein reicher Herr, war Gebhards
Freund, und wußte ſeine Sachen ſo fein einzu=
richten, daß man ohne ihn zu beleidigen, nicht
widerſprechen durfte; Dinge, die nur den drey
Hauptperſonen bekannt waren, und dem Pöbel
Raum zu neuen Läſterungen gaben. Das Volk
ſtaunte die prächtigen Zurüſtungen an, und
meynte, das hätten die alten heiligen Erzbiſchöffe
nicht gemeynt, daß ihre geſammelten Schätze
einſt zum Hochzeitfeſte eines ihrer Nachfolger
ſollten vergeudet werden.

Agnes und Gebhard, welche nichts von dem
wußten, was das Volk murmelte, ſahen mit
unſchuldiger Freude der Geſchäftigkeit ihres edeln
Freundes zu, den ſie nur zuweilen zu erinnern
wagten, er möchte ſich das Verlangen ihrem
Feſt Ehre zu machen, nicht ſo weit treiben laſ=

fen. — Agnes hatte jetzt einmal, da alles auf-
geboten wurde, sie aufzuheitern, die Last der
Sorgen ganz von ihrem Herzen geworfen, und
trauerte nur darüber, daß ihr Bruder, den sie
unaussprechlich liebte, nicht Zeuge von des Pfalzgrafen ganz neuen, zuvor nur an den Höfen
von Frankreich und England gesehenen Entwürfen seyn sollte. — Friedrich Mannsfeld war
jung und feurig. er liebte Lust und Lachen, seine Gegenwart würde hier nicht überflüßig gewesen seyn; aber er liebte Ruhm und Heldenthat-
ten noch mehr, und darum war er gleich in den
ersten Tagen der zu Bonn wiederhergestellten
Ruhe, mit dem Grafen Solms nach Kaiserswerth gezogen, um diese Festung gegen wahr-
scheinliche Angriffe des Feindes zu vertheidigen.

Damals, als die Helden Bonn verließen,
wußte man noch nicht, wen man eigentlich zu
fürchten habe; aber seit dem der Ausspruch des
Reichstags zu Augspurg für Gebharden nach-
theilig ausgefallen war, hatte sich die Sache
deutlicher entwickelt, und der Churfürst könnte,
um mich der Worte eines alten Schriftstellers
zu bedienen, „sehen, wenn er sehen wollte, daß
er schier so viel Feinde als Haar auf seinem
Haupte hatte, (und seine Churfürstliche Gnaden
prangten, seitdem sie die Kutte abgelegt hatten,
wieder mit einem stattlichen Wuchs von gerin-
gelten Locken)“

Gebhard. 1. Th.   S

Unter Gebhards Feinden zeichnete sich besonders aus, der Domherr Friedrich von Lauenburg, der, wie Nordhusius in seinem Briefe,
lang vorher angedeutet hatte, ohne Glauben zu
finden, nach der Churwürde trachtete, und aus
einem verstellten Freunde ein mächtiger Widersa-
cher geworden war. Gegenwärtig hatte er die
Larve so ganz abgelegt, daß er, während der
Churfürst alle Tage seine Beantwortung eines
Briefs erwartete, in welchem ihm allerley gütliche Verhandlungen mit Gebhards köllnischen
Gegnern aufgetragen waren, selbst die Waffen
anlegte, und einen Theil der kaiserlichen Völker, die ihm untergeben wurden, wider Kaiserswerth führte, indessen der Herzog von Parma
mit den andern auf Brüel losging.

Zu Bonn dachte man auf nichts, als Hochzeitfreude. Der erste der festlichen Tage wurde
mit einem Kirchgange begonnen, der dem Volke
das erste Aergerniß gab. Es konnte sich nicht
mit dem Gedanken aussöhnen, seinen geistlichen,
von rechtswegen christkatholischen Fürsten, an
der Hand einer Gemahlin den protestantischen
Gottesdienst besuchen zu sehen, und nur die
starke Bedeckung von den Soldaten des Pfalzgrafen schützte sie, als sie mit ihm nach dem
Schlosse zurükfuhren, vor Beschimpfung.

Dem Kirchgange folgte ein köstliches Mahl,
bey welchem keiner der Vornehmen der Stadt,

selbst Michael Pirkler, nicht fehlen durften.
Der Nachmittag — damals pflegte man nur
von eilf bis drey Uhr zu tafeln — war einer
Art von Schauspiel gewidmet, bey welchem der
Pfalzgraf all seine Erfindungskraft erschöpft hatte, und das den Zuschauern, welche die churfürstliche Gnade zuließ, nur darum üppig und
unziemend dünkte, weil es prächtig und auslän-
disch war.

Agnesens unschuldiges Herz schwamm in frohen Gefühlen, so etwas bezauberndes hatte sie
selbst bey Rudolfs Krönungsfeyer, am kaiserlichen Hofe, da es überhaupt ein wenig steif zu-
ging, nicht gesehen; sie dankte dem Pfalzgrafen
mit Rührung für die fröhlichen Stunden, die
er ihr machte, und er, antwortete ihr wie ein
Mann, der die glänzenden Höfe Franz des
Zweyten, und der schottischen Marie gesehen
hatte. — Neue Ursach für die Aufmerker zu
Hohnlächeln, und Folgerungen zu machen, wie
sie in Herzen wie die ihrigen ausgeheckt werden
konnten.

Ein Glük war es für Gebharden und seine
Gemahlin, daß sie sich der Würde ihres Standes hinlänglich bewußt blieben, um keinen Theil
an dem Tanze zu nehmen, der das Fest beschloß.
Einen geistlichen Churfürsten tanzen zu sehen,
dies wär zu viel für die strengen Einwohner
der erzbischöflichen Stadt gewesen, und hätte

augenbliklich üble Folgen nach sich ziehen müs=
sen.

———

Man ging spät zur Ruhe, und dachte den
nächsten Tag, und noch einige folgende, in ähn=
licher Freude hinzubringen; aber schon des an=
dern Morgens schüttelte das böse Gerücht eini=
ge Nachrichten von seinen Rabenflügeln, die die
ganze Lust störten, und nur gar zu schnell be=
stättigt wurden.

Zur nehmlichen Stunde, da zu Bonn alles
von Lust und Lachen ertönte, brachen in ziem=
licher Nähe die Wolken des Ungewitters los;
Kaiserswerth war übergegangen, der Herzog
von Lauenburg war Meister dieser starken Veste,
Graf Solms schwerlich verwundet, und der ta=
pfere Friedrich von Mannsfeld in Vertheidigung
der Mauern eine Beute des Todes geworden.

Wer mißt das Entsetzen des Churfürsten und
seines Freundes, wer zählt Agnesens Thränen,
die auf die Leiche eines angebeteten Bruders,
welche jetzt zur Beerdigung herüber gebracht
ward, vergossen wurden!

Gebhard und der Pfalzgraf zogen all diejeni=
gen zusammen, deren Treue sie glaubten trauen
zu können, und unter denen sich unglüklicher

Weise auch der falschfreundliche Michael Pirkler
befand. Hier wurde Rath über die Einrichtung
des künftigen Verfahrens gepflogen, dort wurden
Anstalten zum schleunigen Aufbruch, niemand
wußte nach welcher Gegend, gemacht, indessen
die unglükliche Churfürstin sich einsam unter ihren weinenden Frauen befand, und niemand
hatte, der ihr Trost einsprach, als den ehrwürdigen Nordhausen, welcher bey ihrer Ankunft
zu Bonn ihr Zutrauen gleich erstes Bliks gewonnen hatte, ungeachtet er wenig freundliche
Mienen von dem Churfürsten erhielt, der ihm
jenen warnenden vor Agnes verborgenen Brief
noch nicht vergessen konnte.

Die Churfürstin lag von Thränen und Angst
bis zum Tode ermattet auf dem Bette, der treuherzige Prediger saß an ihrer Seite, und lehrte
sie durch mächtigen Herz erfreuenden Zuspruch,
den Tod ihres Lieblings als eine Christin be-
trauern, und durch die Unglükswolke hinauf
nach dem heitern Himmel sehen. Keine von
den gewöhnlichen Sentenzen verschmähter Warner ging über seine Lippen, er wußte, Agnes
war die nicht, welche seine Warnung verschmäht
hätte, auch fühlte er, daß alles, was er selbst
Gebharden hierüber sagen könnte, zu spät
kommen und unzeitig seyn würde.

Gebhard trat herein, als der tröstende Engel
noch an Agnesens Lager saß.

Ich finde euch in schlimmer Gesellschaft, rief.
er, indem er einen verdrüßlichen Blik auf Nordhausen warf. Hier werdet ihr vermuthlich nichts
hören, als daß es nicht anders habe kommen
können, als es nun gekommen ist, und daß es
anders hätte gehen sollen, wenn man ungefor-
derten Rathschlägen gefolgt hätte.

Was versehen ist, läßt sich nicht zurükbrin-
gen; erwiederte Nordhausen mit Würde. Die
Churfürstin, welche hier nichts versah, bedarf
keiner Vorwürfe, sondern Trost.

Was sagt er euch, meine Geliebte? fragte
Gebhard seine Gemahlin.

In der That, erwiederte sie, er hat mich
ganz getröstet, zwar den, den sie jetzt begraben,
bringt mir kein Trost zurük, um ihn werden
ewig meine Thränen fliessen; aber übrigens, was
ists denn, warum wir trauren? Kaiserswerth ist
über; nun wohl! Nordhausen sagt mir, daß mit
dieser Festung noch bey weitem nicht alles verloren ist.

Eine mächtige Neuigkeit, die er euch hier sagt!
die Frage ist jetzt, was nun zu thun sey?

O, ehrwürdiger Herr, rief Agnes, indem sie
sich zu Nordhausen wandte, ihr tröstet so schön,
könnt ihr nicht auch rathen?

O ja, gnädige Frau, wenn man mich auf-
fordert. — Zum Beyspiel hier würde ich rathen,
Unterhandlung mit dem Kaiser zu suchen, zu

befferer Sicherheit die westphälischen Völker vollends herein zu ziehen, den Pfalzgrafen mit einem Theil derselben dem Herzog von Parma entgegen gehen zu lassen, inzwischen aber Bonn ja nicht zu verlassen, sie ist fest genug ihren Herrn zu schützen, und hat Einwohner, auf welche zu bauen ist, wenn man ihre Treue zu wecken weiß.

Bonn nicht verlassen? schrie Gebhard. Gerade das Gegentheil! Der allgemeine Schluß geht dahin, daß der Pfalzgraf hier bleibt, die Stadt zu bewahren, indessen ich nach Westphalen, den Völkern entgegen ziehe. —

Und ich? fragte die weinende Churfürstin.

Und ihr, meine Theure, euch die erste Trennung von eurem Gemahl gefallen lasset, und seine Wiederkunft auf meinem festen Schloß Godesberg erwartet.

Nun wahrhaftig, schrie Nordhausen, hier höre ich ganz Michael Pirklers Stimme, so konnte nur er rathen! — O mein Fürst, daß euch nicht einst das diesem Manne geschenkte Zutrauen gereue!

Nordhausen entfernte sich, und ließ den Churfürsten bey seiner Gemahlin allein, die von ihm die Verhandlungen im Rathe, wo Michael Pirkler das grosse Wort führte, umständlich erfuhr, und sich denn, voll geduldiger Folgsamkeit von ihrem Bette erhub, um sich zu der Reise zu rüften, welche noch dieſe Nacht ſollte angetreten werden.

Sie ließ Nordhauſen bitten, ſie zu begleiten, dieſer aber hatte zwo Urſachen nein zu ſagen, die eine, die Ueberzeugung, daß ihn Gebhard nicht gern bey ſeiner Gemahlin ſehe, die zweyte, die Nothwendigkeit hier zu bleiben, um für den Fürſten, dem er mit feſter Treue anhing, noch irgend etwas gutes auszurichten.